Le Lien Familial

Causes sociales de son relâchement

PAR

G.-L. DUPRAT

Professeur de Sociologie
à l'Université de Genève

Couronné par l'Académie des Sciences Morales et Politiques

LIBRAIRIE FÉLIX ALCAN

LE LIEN FAMILIAL

DU MÊME AUTEUR

LIBRAIRIE FÉLIX ALCAN

Les Causes sociales de la Folie (*Bibliothèque de Philosophie contemporaine*).

Le Mensonge, étude psycho-sociologique (*Bibliothèque de Philosophie contemporaine*).

La Criminalité dans l'adolescence.
> Couronné par l'Académie des Sciences morales.

Responsabilité personnelle et Éducation.
> Récompensé par l'Académie des Sciences morales.

L'Instabilité mentale (*Bibliothèque de Philosophie contemporaine*).

AUTRES OUVRAGES A CONSULTER POUR LA PRÉSENTE ÉTUDE :

Science sociale et Démocratie (Giard).

La Morale psycho-sociologique (*Enc. scientifique*, Doin).

La Solidarité sociale (*Enc. scientifique*, Doin).
> Récompensé par l'Institut.

La Psychologie sociale (*Enc. scientifique*, Doin).

L'Éducation de la Volonté et des Facultés logiques (*Enc. scientifique*, Doin).

G.-L. DUPRAT

Professeur de Sociologie à l'Université de Genève.

LE LIEN FAMILIAL

CAUSES SOCIALES DE SON RELACHEMENT

Couronné par l'Académie des Sciences Morales et Politiques
(Prix Saintour, 1921)

PARIS

LIBRAIRIE FÉLIX ALCAN

108, BOULEVARD SAINT-GERMAIN, 108

1924

La *cause de la monarchie, de la religion et de la
famille* est défendue avec opiniâtreté par un
grand nombre d'esprits cultivés, mais qui ont le
tort de s'être de bonne heure laissé « emmurer »
dans les parois souvent trop opaques des édifices
classiques et des monuments dus à d'anciennes traditions. Ils nuisent à la famille en liant son sort à
celui d'une forme politique plus ou moins théocratique, et à ce titre périmée. La famille est un fait
social ; elle mérite d'être étudiée en dehors de tout
parti pris, selon des méthodes sociologiques, et non
prônée avec l'aide d'une dialectique qui ne séduit
plus que des gens voués au culte de la forme.

Les institutions familiales se transforment sans
cesse, en dépit de la stabilité relative des codes qui
prétendent les régir. N'est-il pas intéressant de voir
dans quel sens se font en général les principales
modifications connues ? Il n'y a pas un type unique
et normal de vie et de relations familiales : l'huma-

nité en a vu un grand nombre et des plus différents ;
elle en verra sans doute d'autres encore.

Les liens familiaux se nouent, se serrent, se
dénouent : leur relâchement inquiète les conservateurs, mais réjouit les novateurs. Ce qui importe,
c'est de savoir pourquoi le relâchement se produit
et s'il y a lieu, dans l'intérêt de la civilisation
humaine, de l'empêcher, ou de le précipiter pour
que de nouveaux liens s'établissent. Car la fonction
familiale est comme la fonction économique, juridique, politique, une de celles que semble comporter
tout organisme social : reste à savoir comment elle
peut être remplie le plus normalement, c'est-à-dire
en conservant les rapports les plus stables et les
plus harmonieux avec les autres fonctions dans la
plus grande unité systématique possible.

En effet, tout le « fondement » de la morale
sociale est la recherche de la santé collective. La
famille est-elle nécessaire à l'hygiène du corps social
le mieux développé ? Nous sommes portés à le croire
fermement en voyant les méfaits de la désagrégation
familiale [1], en considérant les exigences de la solidarité sociale, que nous avons étudiées dans un précédent ouvrage [2]. Mais il n'est pas possible que la
forme familiale reste imposée du dehors par la tradi-

----

1. Cf. notre *Criminalité dans l'Adolescence* (Paris, Alcan, 1909), ouvrage
couronné par l'Académie des Sciences morales et politiques.

2. La *Solidarité sociale* (Paris, Doin, 1907), Prix Saintour, 1906.

tion, ou la religion ou les lois, à des êtres qui aspirent à la plus grande autonomie par la volonté raisonnable. La Patrie, la Famille, l'Humanité ne seront pas bien servies tant que leur « culte » reposera sur des conventions sociales : on ne sert bien que ce que l'on aime. C'est seulement si des êtres raisonnables peuvent aimer la famille qu'ils feront tous les sacrifices requis pour maintenir le lien familial.

C'est pourquoi nous avons écrit pour l'Académie des sciences morales et politiques un mémoire en réponse à la question : *L'Affaiblissement du lien de famille, et ses causes d'ordre moral, social et législatif.* » Au mémoire couronné, il a paru bon d'ajouter une première partie relative aux formes primitives et anciennes de la vie domestique et sociale, et aux conditions psychologiques de l'apparition et de la déformation, ou de l'affaiblissement de l'esprit de famille.

TABLE DES MATIÈRES

LE LIEN FAMILIAL

PREMIÈRE PARTIE

CHAPITRE PREMIER
LA FAMILLE ET LA SOCIÉTÉ

I

FORMES PRIMITIVES DE LA VIE SOCIALE ET DE LA VIE FAMILIALE

Avant que l'ethnographie eût apporté ses précieux documents sur les formes de la vie sociale et familiale dans les clans et les tribus restés encore fort à l'écart de notre civilisation, on était généralement porté à croire que la famille, telle que nous la connaissons dans nos contrées ou même telle que nous la font connaître les documents relatifs à la vie gréco-romaine, — sous la forme patriarcale plus ou moins atténuée —, avait existé dès les premiers moments de la vie humaine sur notre globe. Nous ne pouvons en effet nous défaire aisément des préjugés que crée l'habitude, et nous sommes portés à projeter dans le passé aussi bien que dans l'avenir et aussi loin que notre imagination puisse nous reporter, nos façons actuelles de vivre, de sentir, d'agir et de penser. Au préjugé anthropocentrique et anthropomorphique se superpose donc ce qu'on pourrait appeler notre conception anthropologique, qui nous empêche, nous interdit presque de concevoir l'homme

primitif sous un autre aspect que celui du civilisé. Les
explorateurs, les missionnaires, les « globe-trotters »
contribuaient à entretenir l'erreur : ils voyaient les
sauvages à travers les lunettes que leur éducation
leur imposait, et ils interprétaient les faits en les
soumettant à leurs conceptions ou à leurs idées directrices.

Le préjugé théologique jouait aussi son rôle : partout
où l'on était contraint, par la sincère relation de faits
observés impartialement, de reconnaître l'existence de
modes bien différents de vie collective et domestique,
on se hâtait d'y voir des déformations, des aberrations,
des effets d'une décadence. Le dogme de la *chute*, de la
déchéance morale dans l'ignorance de la « vraie foi »,
oblige les théologiens, et ceux qui les suivent, à considérer l'état primitif comme le plus proche de la perfection et à en expliquer les imperfections manifestes par
une régression plus ou moins accentuée ou rapide.
Tout autre est le point de vue évolutionniste, adopté
actuellement, et non sans des raisons sérieuses, par tous
les savants, par tous les « naturalistes » d'esprit indépen-
dant. Au lieu d'une régression, ils supposent une pro-
gression, par différenciation et intégration. A l'évolutionnisme plutôt matérialiste dont Spencer donna la
formule dans un esprit trop « mécaniste », s'est juxta-
posé ou superposé un évolutionnisme dynamiste, dont
M. Bergson a tiré sa théorie de l' « évolution créatrice »,
et qui admet des périodes de désintégration, de dissolution, indispensables pour l'apparition de formes nouvelles et divergentes de progrès naturel, de progrès
social par conséquent.

Rien ne nous oblige aujourd'hui à supposer que la

famille est sortie toute formée et définitivement organisée des mains d'un créateur ou d'une Nature jouant dans certaines théories exactement le rôle d'une Providence. Tout au contraire, par une réaction jugée parfois excessive contre le préjugé théologique et métaphysique, bien des sociologues se montrent disposés à prendre pour point de départ de l'évolution familiale la forme la plus simple de vie en commun, et l'on a pu supposer que l'institution familiale, sous son aspect le plus élémentaire, a été précédée pendant une longue période, par une complète promiscuité, suivie d'unions sexuelles par groupes ou de promiscuité limitée. Selon Durkheim, le *clan* a précédé la famille polyandrique ou polygamique, et la monogamie ne serait qu'un effet récent de l'individualisme croissant.

L'étude du « totémisme », poussée fort avant dans l' « École sociologique française » (celle qu'a fondée Durkheim, et qui menace de ne pas lui survivre), sert de fondement à cette conception de l'évolution familiale. « Les membres d'un même clan ne sont unis les uns aux autres ni par la communauté de l'habitat, ni par celle du sang, puisqu'ils ne sont pas nécessairement consanguins, et qu'ils sont souvent dispersés sur des points différents du territoire tribal. Leur unité vient donc uniquement de ce qu'ils ont un même nom et un même emblème, de ce qu'ils croient soutenir les mêmes rapports avec les mêmes catégories de choses, de ce qu'ils pratiquent les mêmes rites, c'est-à-dire en définitive de ce qu'ils communient dans le même culte totémique [1].

---

1. Durkheim. *Formes élémentaires de la vie religieuse*, p. 233-239 (Paris, Alcan, 1912).

La parenté religieuse aurait précédé la parenté naturelle, comme la « société » aurait précédé la famille. Le point de départ de tout lien social serait la communion religieuse, contemporaine de la première existence sociale dans l'humanité. La Société est avant tout : c'est elle qui crée vraiment les individus, matériellement et moralement, et c'est vers son culte que se tournent tout d'abord les énergies individuelles, à peine différenciées. « Une société a tout ce qu'il faut pour éveiller dans les esprits, par la seule action qu'elle exerce sur eux, la sensation du divin ; car elle est à ses membres ce qu'un dieu est à ses fidèles, parce qu'elle a une nature qui lui est propre, différente de notre nature d'individus[1]. » « Le dieu du clan, le principe totémique, dit textuellement Durkheim (p. 295) ne peut être autre chose que le clan lui-même, mais hypostasié et représenté aux imaginations sous les espèces sensibles du végétal ou de l'animal qui sert de totem. » Et cette apothéose, qui est le fondement même de toute vie collective organisée, est due à l'ascendant moral qu'exercent les représentations collectives, la conscience sociale, sur les consciences individuelles, sur les intelligences *dérivées*. Le totem n'est qu'un symbole du pouvoir social. C'est ce pouvoir qui seul peut faire naître, imposer la vie familiale, lorsque vient le moment convenable.

On ne peut entrer ici dans la voie des discussions auxquelles donne lieu l'hypothèse de Durkheim concernant les rapports du totémisme avec la vie sociale primitive. Il faut se borner à indiquer combien la systématisation hardie du sociologue français a trouvé

---

1. Van Gennep. *Etat actuel du problème totémique* (Paris, Leroux, 1920), p. 41.

d'adversaires chez les ethnographes les mieux avertis, et qui n'ignorent pas à quelle diversité de formes sociales et religieuses correspond l'adjectif « totémique », quelles difficultés on aurait à montrer que le totémisme a été partout essentiellement le même, s'il est vrai (ce qui paraît douteux) que tous les clans primitifs aient été totémiques. La seule question qui se pose à ce sujet est de savoir si le clan, totémique ou non, a précédé partout et toujours l'existence de communautés domestiques, de sociétés conjugales stables, soumises au contrôle de la conscience collective subissant une pression sociale exercée plus ou moins nettement en faveur de leur maintien.

On prétend[1] que les sociologues ont trop exclusivement porté leur attention sur la formation et le développement des clans et tribus, et qu'ils n'ont pas assez cherché à voir derrière l'embryon d'organisation religieuse et éthico-juridique ou politique, les germes de la vie domestique. Est-il bien vrai que des *mœurs* dominant les rapports sexuels et leurs conséquences ne sont pas nées et ne se sont pas développées en même temps que les formes de la vie religieuse ? qu'il n'y a pas eu simplement interdépendance entre les prohibitions et prescriptions concernant la vie sexuelle et domestique et les conceptions religieuses les plus élémentaires ?

Tout d'abord, la conception de la vie religieuse « primitive » paraît devoir être élargie. C'est trop évidemment sacrifier à un préjugé métaphysique que de prétendre donner à toutes les évolutions sociales une origine uniforme, et leur imposer le passage par les mêmes stades. Nous ne trouvons qu'un schème commun,

1. Westermarck entre autres.

indéfiniment diversifié, selon les milieux naturels, les climats, les aptitudes techniques répondant aux besoins les plus impérieux, les aptitudes intellectuelles qui leur correspondent, les états affectifs qui résultent et des appétits et de leur satisfaction ou réfrènement. Nul n'a le droit de prétendre que la nature humaine a été partout la même à ses débuts : au contraire, on peut admettre d'autant plus de diversité « d'élans », de différences notables entre les *variations* spontanées que l'on se rapproche davantage de la plasticité primitive. L'énorme « variation » qui a donné naissance au type humain (corrélative sans doute de grands bouleversements naturels qui ont détruit jusqu'aux vestiges des transformations préparatoires) n'a pas amené d'emblée partout des êtres également aptes à l'exercice progressif des organes caractéristiques de l'espèce, et par conséquent à l'acquisition de ces schèmes imaginatifs dont la complexité croissante caractérise l'intelligence humaine. La vie collective a pris des allures différentes dans les déserts et dans les plaines fertiles, dans les régions glacées et sur le bord des mers ou des fleuves et dans les régions montagneuses. Partout la « représentation collective » fondamentale a été nécessairement la vision confuse de ce que nous appelons le « milieu naturel » et qui ne pouvait se présenter à des esprits à peine éveillés que comme des obstacles ou des auxiliaires pour la satisfaction des besoins les plus impérieux. Partout, le Milieu a été un objet d'appréhension ou de confiance, d'une appréhension ou d'une confiance qu'on ne peut guère mieux comparer[1]

---

1. La comparaison est suggérée par W. James, dans son *Expérience religieuse*.

qu'aux états affectifs des animaux domestiques, des chiens et des chats, lorsqu'ils prennent des attitudes propitiatoires ou expiatoires en présence de l'homme dont ils attendent un bienfait ou dont ils redoutent les violences. Voilà pour nous l'origine des sentiments religieux de l'humanité : le « culte » du milieu, physique et social tout ensemble. Mais précisément parce que le milieu était très différent de troupeau à troupeau humain, les manifestations du « respect » — on pourrait dire de la *superstition naissante* — étaient nécessairement très diverses. Le symbolisme totémique fut évidemment bien postérieur à de tels débuts.

Quand il put apparaître et se développer, avec toutes les classifications qu'il entraîna — et sur lesquelles les sociologues ont eu raison sans doute d'insister, car elles permirent la réglementation des unions — il y avait probablement bien longtemps que les relations sexuelles avaient attiré l'attention collective des hommes primitifs. Le totémisme lui-même nous montre le souci prédominant, incontestable, d'établir d'étroits rapports entre l'agrégat humain et son milieu, la faune et la flore conditionnant l'habitat : l'organisation de cet habitat était de première nécessité et les prescriptions et prohibitions — résultat naturel de l'existence d'une collectivité qui exerce spontanément une contrainte sur tous les individus, jusque dans les moindres détails de leur activité propre — concernaient nécessairement tout d'abord l'usage de l'abri commun ou des abris distincts. Comment la naissance et les soins à donner aux enfants eussent-ils pu ne pas faire l'objet de règles « religieusement » observées, alors que toutes les espèces animales inférieures à l'espèce humaine ont des mœurs définies à ce sujet ?

Le comportement général de l'agrégat et le comportement domestique sont tous deux conditionnés par le milieu physique, dont une sorte d' « apothéose » simpliste a entraîné les liens religieux du clan (pris dans son ensemble ou dans ses éléments) avec les plantes et les animaux réputés souverains du lieu, donc sacrés. Partout où le milieu impose la cohabitation, au moins pendant de longs mois comme dans les régions glacées, de tous les membres de l'agrégat, on trouve généralement deux logements séparés dans le même habitat, celui des hommes et celui des femmes ou des jeunes filles et des petits enfants : en hiver, la cohabitation est étroite chez les Eskimos, tandis qu'en été la dispersion par groupes ou couples est la règle. La tente abrite à la belle saison la « famille » restreinte, composée des ascendants directs et des enfants, et soumise au régime patriarcal. L'habitat d'hiver fait régner une parenté très large (consanguins et alliés) essentiellement religieuse : c'est là que se célèbrent les grandes fêtes, les cérémonies expiatoires et propitiatoires, et que se préparent les réincarnations futures selon des rites funéraires de la plus haute importance. Certaines cérémonies de purification sont suivies de licences sexuelles qui ne sont pas sans analogie avec ce qu'on a considéré ailleurs comme une prostitution sacrée. Ainsi une sorte de communauté saisonnière alterne avec une séparation monogamique[1]. Mais communauté ne signifie pas promiscuité ; et rien n'empêche de croire que les fêtes

---

1. Cf. Mauss, in *Année sociol.*, IX, p. 40.

licéncjeuses, que l'on retrouve dans beaucoup de tribus africaines, ne sont que comme un relâchement de la longue abstinence imposée par la cohabitation forcée pendant la mauvaise saison.

Tout ce qu'on peut inférer des données qui attestent une certaine indifférence pour la chasteté dans mainte peuplade sauvage, c'est la prédominance d'une solidarité sociale au point de vue de la vie matérielle en commun, d'une « entr'aide » économique, selon le mot de Kropotkine[1], sur une solidarité morale plus relevée, que des intelligences inférieures ne sauraient concevoir. Il a pu se faire en bien des cas que l'union sexuelle ait été de fort courte durée par rapport à des alliances d'intérêts matériels, et que le souci de l'organisation domestique stable ait cédé le pas à un besoin d'organisation tribale. C'est ce que l'on voit par les mœurs de bien des nomades, où la parenté reste mal définie, parce que l'attachement au sol est nul, que la cohabitation de tous les individus composant la horde est constante, que la superstition ou les sentiments religieux s'y rattachent à des fétiches mobiles et non plus à des totems reliant l'agrégat à un milieu physique. Au contraire, partout où le totémisme a eu pour effet de lier étroitement l'agrégat aux êtres, animaux et plantes, d'un milieu déterminé, les prescriptions et prohibitions concernant les rapports sexuels ont marqué toujours plus d'exigences collectives en ce qui concerne la vie privée.

Ainsi la parenté religieuse a pu être d'abord simplement un frein mis à la licence sexuelle ; son organisa-

1. Kropotkine. *L'entr'aide* (Paris, 1906), p. 93.

tion marque un moment, reconnu généralement nécessaire pour éviter une promiscuité menaçante.

L'exogamie se justifie partout par une conception
superstitieuse des impuretés réprouvées par la pudeur
et par la tradition. La jalousie, les haines fatales à
l'harmonie au sein du clan, les rivalités de frères et de
sœurs, pouvaient amener une réprobation collective
de certaines unions sexuelles, vite réputées néfastes du
moment où elles entraînaient de graves troubles sociaux. L'intérêt public, confusément aperçu, exigeait
des interdictions que la conscience collective, éthico-
religieuse, a eu vite fait de réprouver comme impies,
sacrilèges[1]. Aussi les prescriptions exogamiques ont-

1. Frazer dans *La tâche de Psyché* (Paris, Colin, 1914) donne de nombreux exemples de superstitions grâce auxquelles les sociétés « étayent »
les institutions matrimoniales. Chez los Battas de Sumatra, on estime
que l'inceste « suffit à anéantir la récolte entière... Les épidémies et
autres calamités qui frappent le peuple tout entier sont presque toujours attribuées par eux à un inceste, par quoi il faut entendre tout
mariage en contradiction avec leurs coutumes » (p. 83). Les Khasis de
l'Assam sont divisés en un certain nombre de clans exogamiques... La
cohabitation d'un homme et d'une femme du même clan est regardée
comme un inceste : los habitants seront frappés de la foudre ou dévorés
par des tigres ; les femmes mourront en couches, etc... La faute est
inexpiable. Un Dayak ne peut épouser sa cousine qu'après s'être
soumis à une cérémonie spéciale appelée *bergaput*, pour détourner du
pays les conséquences néfastes de cette union. A Bornéo, l'inceste fait
courir le risque d'une famine par disette de *padi*. Dans l'île de Célèbes,
les Macassars et les Bouginais attribuent la perte des moissons à un
inceste : en 1877 ils exigèrent qu'on leur livrât un prisonnier coupable
du crime néfaste. Les Galelarais de Halmahera (île à l'est des Indes)
prétendent, lorsque des pluies torrentielles compromettent toutes les
cultures, qu'un inceste a été commis par des individus consanguins,
et ils recherchent les coupables avec âpreté pour les précipiter dans le
volcan. Les Dinkas du Haut-Nil croient que les mânes ancestraux
irrités par l'inceste rendent les femmes stériles. « On discerne des vestiges de croyances analogues parmi les races civilisées de l'antiquité »,
chez les Hébreux notamment. Cependant Frazer (*Totemism and Exogamy*,
p. 145-148) signale chez les Fidjiens des orgies sexuelles où frères et
sœurs sont intentionnellement accouplés pour obtenir des avantages
exceptionnels pour la collectivité. L'*exception* confirme la nature superstitieuse de la règle générale.

elles été très diverses, et paraîtraient-elles incohérentes si l'on ne se souvenait de l'extrême variété des conditions socio-géographiques dans lesquelles elles ont été formulées. Tantôt la parenté totémique suit la filiation paternelle, tantôt elle suit la filiation utérine ; parfois elle « passe une génération » ; d'autres fois comme en Australie, elle repose sur une combinaison très complexe de « phratries ». Dans la tribu Kamilaroï, les enfants des femmes Kubbi ne peuvent épouser que des Ippai, les enfants des femmes Murri ne peuvent épouser que des Kumbo. Parfois le mariage est interdit à ceux qui ont même totem paternel et maternel, et il s'ensuit huit classes au lieu de quatre [1].

Les sociétés ne se défendent pas seulement par les prescriptions exogamiques, que l'on pourrait plus justement appeler prohibitions d'unions présumées fatales à la collectivité ; elles se protègent encore par l'endogamie contre l'intrusion d'éléments étrangers jugés eux aussi dangereux et proclamés impurs.

Ainsi la parenté religieuse est jusqu'à un certain degré une « cause » de prohibition et cesse de l'être au delà de ce degré, variable avec les peuplades, pour devenir au contraire une cause d'interdiction d'union sexuelle avec les étrangers à la religion, les porteurs de totems non apparentés. Comment expliquer cette double limite, celle de l'exogamie et celle de l'endogamie, sans admettre que la parenté religieuse plus large, suit, en la complétant, la parenté naturelle et décroît avec l'éloignement d'une souche commune : ce qui n'est pas le propre d'un lien mystique, mais carac-

1. Durkheim, d'après Spencer et Gillen. *The northern tribes of Central Australia ;* in *An. Sociol.*, VIII, p. 120.

térise au contraire un lien d'hérédité biologique. Quand dans la tribu Kamilaroi, les Murri, enfants des femmes Kubbi, ont épousé des Kumbo, enfants de femmes Ippai, les Kubbi, enfants de femmes Murri, épousent des Ippai, enfants de femmes Kumbo, — et ils ne peuvent pas sortir de ce cercle endogamique, malgré les prescriptions exogamiques qui ne font que régler l'ordre de succession, de « roulement » reconnu indispensable pour la quiétude commune.

D'ailleurs, l'endogamie obligatoire est bien plus intéressante, au point de vue sociologique, que l'exogamie totémique. C'est d'elle qu'est sorti le régime des castes, que sont nés les préjugés relatifs aux mésalliances, que dérivent en partie les haines de « races ». Ce qui avait primitivement une sérieuse raison d'être : l'éloignement des étrangers, inconnus et peut-être dangereux ; ce qui en conséquence faisait l'objet des plus sévères prohibitions religieuses, — a donné lieu à des « survivances » actuellement sans justification plausible. Mais il convient peut-être d'insister sur cette fonction de *défense sociale* remplie par les clans ou tribus primitives, presqu'inintentionnellement, et grâce à des interdictions matrimoniales. On connaît les rites de l' « évitement », qui nous paraissent si bizarres surtout parce que nous ne faisons pas l'effort nécessaire pour nous replacer, autant que faire se peut, dans l'état d'esprit des agrégats primitifs : ils dérivent tous, semble-t-il, de l'aversion fondamentale pour l' « impureté sexuelle », et pourraient par conséquent être liés, par une chaîne assez courte d'ailleurs, à « l'instinct de propreté » des animaux. Les relations entre personnes de sexe différent sont toujours suspectes à l'esprit mystique,

inquiet des maléfices qui peuvent résulter de simples
contacts ou de rencontres, voire de regards libidineux ;
il ne suffit pas de s'abstenir de rapports sexuels : il faut
encore ne pas même éprouver de ces désirs dont les
« primitifs », plus proches que nous de l'animalité
grossière, connaissaient et la violence et l'impulsivité
quasi irrésistible, donc les dangers sociaux. En conséquence « l'une des lois les plus strictes de l'étiquette
chez les sauvages est celle qui interdit toute relation
sociale directe entre un homme et la mère de sa
femme[1] ». Frazer n'y voit qu'une « précaution destinée
à empêcher des rapports immoraux entre les personnes
en cause ». Mais si l'évitement est proscrit si rigoureusement en des points du globe aussi éloignés que la
rivière Gwidir (tribu des Kamilaroï), le Congo (tribus
bantous). au nord du lac Victoria Nyanza (Batamba,
Bakerewe), à Sumatra, en Californie et au Chili, etc.,
c'est qu'il est une survivance des mœurs du clan exogamique où la mère de la femme portait le même totem
que le mari. En effet, ce n'est pas seulement entre mari
et belle-mère que tout commerce est rigoureusement
prohibé ; dans bien des tribus, c'est entre femme et
beau-père, entre neveu et tante ou nièce et oncle (s'il
est permis de se servir de ces vocables pour désigner
des relations bien différentes de celles qu'ils nous font
concevoir) : entre tous ces êtres il existait des liens de
parenté religieuse prohibant jusqu'au désir d'union
sexuelle. Grâce aux prohibitions qui constituent les
règles si impérieuses de l'évitement, l'endogamie pouvait se développer sans danger pour la paix sociale :
donc, l'évitement était d'autant plus rigoureux que

1. Frazer. *Psyché*, p. 138 ; S. Reinach, *Le gendre et la belle-mère.*

l'endogamie était plus stricte. Suivant les lieux, les climats et la plus ou moins grande proximité de clans ou tribus différentes, les prohibitions de simple fréquentation ou même de rencontre fortuite portaient sur un plus ou moins grand nombre de catégories sociales : chez les Mélanésiens un frère serait réputé particulièrement coupable qui ayant reconnu les traces des pas de sa sœur ne s'écarterait pas du chemin suivi par elle. Les frères ne peuvent pas entrer dans la maison paternelle tant que les sœurs s'y trouvent. Chez les Battas (ou Bataks) de Sumatra, tous les proches parents, consanguins ou parents par alliance, doivent mutuellement s'éviter : un missionnaire qui confirmait le fait devant Frazer, reconnaissait que la stricte observation de la règle avait évité bien des conflits et prévenu une très grande licence imminente.

Quand les règles de l'endogamie ont pu se relâcher par suite d'un commerce plus actif avec les agrégats voisins, la situation de l'étranger ou de l'étrangère admise dans la tribu a été généralement celle d'un être inférieur. La solidarité restreinte ne désarme pas devant les tentatives réitérées d'extension des liens sociaux : elle réagit, quand l'interdiction n'est plus possible (faute d'un nombre à peu près égal d'individus des deux sexes ou par suite d'un manque de travailleurs, par exemple) par des mœurs domestiques inspirées du mépris, succédané de l'aversion pour l'étranger. Ainsi s'explique le régime dit « ambilien »[1], observé en Malaisie, mais dont on retrouve des traces parfois très fortement accentuées dans plus de cent trente tribus « ariennes », sémitiques, mongoliques, indo-américaines,

1. Cf. Mazzarella. *La condiz. giur. del marito nella famig. matriarc*

polynésiennes, etc. L'époux étranger n'est admis que comme moyen de continuer la descendance dans la famille de sa femme ; il peut même n'être admis que temporairement. Un régime « matriarcal » s'ensuit : l'autorité n'appartient qu'aux frères de la femme ou à sa mère, et la juridiction de ces éléments principaux s'étend à tous les éléments adventices y compris le mari.

Le patriarcat constitue un ordre inverse, mais il a la même origine : l'aversion de l'agrégat pour les facteurs indispensables introduits dans la vie domestique en dépit du principe essentiel de l'endogamie. Quand les femmes viennent du dehors, ou bien elles sont traitées en esclaves, ou bien, si elles ont le titre d'épouses, elles n'en occupent pas moins pendant très longtemps un rang social inférieur. Les sociétés européennes de nos jours nous permettent de constater de nombreuses survivances de ce régime, dû sans doute à l'insuffisance numérique de l'élément féminin dans les régions occidentales à une époque peut-être très reculée.

Toutes sortes de combinaisons de ces deux formes schématiques, le patriarcat et le matriarcat, ont été possibles et beaucoup de formes intermédiaires ont certainement été réalisées. Tantôt la parenté a suivi la ligne utérine, tantôt elle a été exclusivement paternelle, et parfois alternativement paternelle et utérine, ou paternelle pour les garçons seulement. Tantôt la polyandrie, tantôt la polygynie ont prédominé : on a vu des frères avoir la même femme, et aussi, plus fréquemment un homme avoir plusieurs femmes, sœurs ou non apparentées, placées sur un pied d'égalité ou formant une hiérarchie. Les institutions familiales ont été d'autant plus souples et variées que les agrégats sociaux au sein

desquelles elles prenaient naissance pouvaient plus aisément s'en désintéresser parce qu'ils avaient par ailleurs
une armature assez solide, d'autres institutions, religieuses, juridiques, politiques, dont le sort ne dépen-
dait point du maintien des mœurs domestiques traditionnelles. Ainsi, dans l'Inde, on trouve à côté des
familles fondées aussi bien sur l'adoption que sur la
filiation naturelle, en partie sur la filiation utérine, des
clans (*gotra*) organisés d'après la descendance paternelle,
exclusivement. La femme doit être de la même caste
que le mari, mais d'un clan différent (toujours par une
intime union de l'endogamie et de l'exogamie) ; le lévirat
est la règle : le frère a le droit et le devoir d'épouser
la veuve de son frère, décédé sans enfant, afin que la
descendance soit assurée. Le plus souvent le premier-
né de la nouvelle union est attribué comme fils au
mari défunt, sans doute à cause de la priorité reconnue
à l'aîné[1]. Mais le régime social dépend de l'organisation
par castes et non de la juxtaposition par communautés
domestiques : c'est pourquoi seule la pureté de la caste
est l'objet de prescriptions et prohibitions rigoureuses.

La même remarque vaut pour tout ce qui touche à
la fidélité conjugale, à la chasteté des jeunes gens, des
jeunes filles et des femmes : c'est seulement lorsque la
collectivité peut se croire ou se sentir confusément
menacée par des actes contraires aux traditions qu'elle
sanctionne énergiquement les exigences des mœurs et
s'efforce de les maintenir. Quand elle n'y voit pas une
source de péril commun, elle ne tarde pas à s'en désin-

---

1. Et aussi à cause de la survivance d'une croyance mystique à la
transmission de l' « esprit totémique » relativement indépendante de
la procréation biologique.

téresser : ce qui était odieux tout d'abord comme sacrilège devient tolérable parce que jugé moins nocif.

L'exigence de la virginité en vue du mariage est loin d'être générale dans les peuplades dites primitives [1]. La pureté sexuelle est parfois simplement considérée comme un indice de pureté morale : dans certaines tribus la fille enceinte est mise à mort, mais peut-être parce qu'on peut la soupçonner de rapports incestueux. Dans la plupart des peuplades sauvages la fornication habituelle est punie comme une faute grave mettant en péril les intérêts communs. On cite de nombreux exemples de punitions sévères (ordinairement la mise à mort) infligées aux fornicateurs des deux sexes.

La répression de l'adultère chez la femme est à peu près constante; et elle est d'ordinaire de la plus grande sévérité, même dans les clans que l'on s'accorde à con-

1. Westermarck ne semble pas éloigné de croire que l' « amour libre » caractérise la plupart des civilisations primitives : il cite un grand nombre de peuplades dans lesquelles les deux sexes jouissent de la plus grande licence avant le « mariage ». Les Barea et les Kunama de l'Afrique orientale ne s'inquiètent nullement de la conduite dés filles même lorsqu'elles deviennent enceintes. Les Wadigo considéreraient comme ridicules les jeunes filles qui conserveraient leur virginité jusqu'au jour de l'union régulière. Chez les Baronga l'opinion publique serait plutôt défavorable à la continence. A Madagascar, « elle n'est pas supposée exister en un sexe plutôt que chez l'autre avant le mariage ». Aux Iles Salomon « deux ou trois ans avant de pouvoir être mariée, la future épouse distribue bénévolement ses faveurs à tous les jeunes gens du village ». Pour les Votyaks, il serait malheureux pour une jeune fille de n'avoir pas eu de nombreux amants pendant la période où elle jouit de la plus complète indépendance au point de vue des relations sexuelles. Cependant des sauvages d'un type tout à fait inférieur comme ceux de Ceylan (Veddahs), de Luzon (Igorrotes), d'Australie (peuplades du Sud) punissent de bannissement ou de mort la moindre atteinte à la chasteté virginale. Les séducteurs de jeunes filles paient de fortes amendes aux parents, dans plusieurs tribus de l'Afrique centrale, et au Dahomey l' « amour libre » aboutit obligatoirement à l'union régulière. On peut prétendre que la virginité a été prisée de plus en plus à mesure que la civilisation a fait plus de progrès, mais non qu'elle ne l'était point du tout dans les peuplades primitives. Ici comme ailleurs, l'uniformité est recherchée en vain.

sidérer comme placés au plus bas degré de l'échelle sociale. L'homme adultère bénéficie généralement d'une bien plus grande indulgence surtout dans les milieux où l'organisation patriarcale a prévalu ou tend à prévaloir. Il est vraisemblable que le régime matriarcal comporte plus de sévérité, bien que les conséquences de l'infidélité masculine ne soient pas semblables à celles de l'adultère féminin.

Le souci de perpétuer une lignée par des enfants nés régulièrement a dû de bonne heure jouer un rôle prépondérant dans l'apparition et le développement d'une violente aversion pour la dépravation sexuelle[1]. Toute la collectivité est intéressée à son propre avenir, que la santé, la vigueur, les « vertus » héritées des ancêtres, peuvent seules assurer convenablement. Malheureusement nous avons fort peu de renseignements précis, en dehors d'interprétations visiblement erronées de missionnaires ou d'explorateurs, sur les soins que les agrégats primitifs prennent des jeunes générations. Nous ignorons dans quelle mesure une contrainte sociale s'exerce sur la mère, ou le père ou l'oncle maternel ou l'aïeul paternel, en faveur des enfants. Il semble même que la tribu ou le clan ne les adopte définitivement qu'après la cérémonie religieuse de l'initiation totémique, parfois précédée d'épreuves redoutables pour les adolescents. Jusqu'à ce moment ils relèvent sans doute de l'autorité domestique partout où l'habitat commun ne les place pas sous la surveillance et la direction des vieillards ou des femmes les plus âgées. En tout cas

---

1. Il explique le grand nombre d'infanticides, d'ailleurs tolérés en bien des tribus parce que l'enfant non encore *initié* n'a pas encore de valeur sociale et ne mérite aucune protection.

l'autorité paternelle ou maternelle et avunculaire est généralement étayée par un respect religieux, qui paraît devoir entraîner une soumission aveugle, jusqu'au moment où les jeunes gens entrent dans la communauté comme initiés au culte du clan ou de la tribu. Ensuite le respect pour les parents et aïeux subsiste sans doute, mais de façon fort variable selon les milieux. La déférence pour les aînés complète l'obéissance aux ordres des chefs de la communauté domestique et de l'agrégat.

Ce qui est devenu sur bien des points le « culte des ancêtres » est presque partout signalé comme un élément important du sentiment religieux, même dans le clan totémique : le primitif ne conçoit pas nettement la mort en tant que disparition complète d'une personnalité ; la dissolution corporelle lui paraît être une transformation, source d'ailleurs de crainte superstitieuse. Les morts retournent au sein du Milieu physique et social d'où ils sont sortis ; ils font partie du grand « Être » ou de l' « Esprit » totémique, et à ce titre ils exigent des cérémonies propitiatoires ou de fréquents hommages. Les vieillards, souvent ceux des deux sexes, sont conçus comme participant par avance à des pouvoirs mystérieux, à des vertus magiques : leur présence accroît le prestige des parents, et la vénération dont ils sont l'objet est une sûre garantie de l'autorité familiale. Leur « bénédiction » est indispensable pour le succès des entreprises, dans un grand nombre de tribus africaines ou australiennes ; ailleurs personne· n'oserait aller à l'encontre de leurs désirs, tant ils paraissent « inspirés » par le Pouvoir protecteur de la collectivité.

On a souvent signalé comme contraire à la thèse du respect quasi-universel des vieux parents les coutumes des sauvages qui mettent à mort les vieillards ou les laissent mourir de faim quand ils ne peuvent plus se mouvoir comme le font les Indiens de l'Amérique du Nord d'après Hearne. En Australie, au Cap, chez les Hottentots, dans le sud du Kordofan, en Mélanésie, des explorateurs ont constaté des mœurs analogues à celles qu'avait signalées Hérodote chez les Massagètes. Mais il est manifeste qu'il ne s'agit point toujours de meurtres ou abandons dus à la cruauté ou à l'indifférence ou au désir de se débarrasser d'êtres devenus inutiles : la mort des vieillards est souvent volontaire ; parfois elle est donnée rituellement, et justifiée par des considérations tirées de la « piété filiale ». Tylor et Kolben ont rapporté les arguments des Hottentots qui estimaient qu'il y aurait une bien plus grande cruauté à ne pas préserver de la complète décrépitude des parents déjà entrés en quelque sorte dans le domaine des esprits. A Fidji c'est un malheur pour la famille de ne pas pouvoir enterrer l'ancêtre encore vivant. La pitié qu'inspirent les infirmités de l'extrême vieillesse paraît incompatible avec le respect dû aux aïeux.

Les conceptions mystiques les plus élémentaires, issues, comme on l'a vu plus haut, d'attitudes affectives et de comportements collectifs qui ne demandent qu'un minimum d'intelligence proprement humaine, ont dû évoluer rapidement grâce au développement du symbolisme verbal, inséparable d'un schématisme de plus en plus complexe : à partir du moment où l'X susceptible d'interventions bienfaisantes ou funestes est devenu l'invisible *mand*, pénétrant tout le Milieu physique et

social de son ineffable puissance (ce que nous appelons
un Esprit, bien qu'il ne soit pas possible de donner ici à
ce mot le sens métaphysique qu'on lui a donné depuis),
l'agrégat domestique et la société qui l'enveloppe ont
été également dominés par des conceptions religieuses
confuses, mais fort agissantes. La vie conjugale, les
soins à donner aux enfants, aux malades et aux vieillards, le respect de l'autorité paternelle ou maternelle
et ancestrale, tout a été subordonné à la crainte d'attirer sur la collectivité les représailles de l'Esprit du
milieu, par des impuretés, des fautes, des négligences,
un oubli quelconque de prescriptions et prohibitions
de plus en plus nombreuses. La vie sexuelle a été
imaginée en fonction d'un grand nombre de « tabous »
précisément parce que l'intérêt social, aussi mal conçu
et confusément aperçu qu'il pût l'être, exigeait un
grand nombre de répressions de l'appétit bestial. Est
tabou « au sens strict du mot, tout ce qui est supposé
chargé d'une mystérieuse énergie capable de blesser
ou détruire quiconque touche l'objet de la prohibition,
que ce soit volontairement ou non-intentionnelle-
ment »[1].

Par extension est devenu tabou tout objet ou tout
être dont la situation spéciale entraînait une prohibition ; par là même il est devenu *sacré*. La famille primitive, sous ses diverses formes, a ainsi comporté un
grand nombre de relations sacrées : rapports de l'homme
et de la femme, des parents et des enfants, de l'agrégat domestique et de l'habitat. Et quand les cultes dits
totémiques ont en partie disparu, il en est resté des
« survivances » tellement variées et tenaces que jus-

1. Westermarck, I, 233.

qu'à nos jours elles ont exercé une influence sur les sentiments que fait éprouver l'institution familiale[1].

II

FORMES PLUS RÉCENTES DE L'ORGANISATION SOCIALE
ET DE LA VIE FAMILIALE

Dès que nous sortons des hypothèses relatives à la période préhistorique de l'humanité, et en même temps des interprétations souvent si hasardeuses des données ethnographiques concernant les clans — et tribus sauvages de nos jours, — nous nous trouvons en présence de civilisations diverses déjà très complexes; où l'institution familiale prend place parmi un grand nombre d'autres, régies par des coutumes et des lois.

La reconnaissance des droits à la *propriété* collective ou individuelle est l'un des faits saillants de la civilisation humaine aux époques historiques. Le communisme parfait n'était réalisable que dans les agrégats composés d'un nombre restreint d'unités obligées par le milieu de vivre en une étroite interdépendance. Dès que la solidarité grégaire n'est plus imposée par l'habitat commun, la propriété collective, celle du groupe

1. On ne saurait trop insister sur la surprenante vitalité des « survivances » d'un passé excessivement lointain, préhistorique même, jusque dans nos mœurs religieuses et domestiques; prescriptions et prohibitions alimentaires d'origine totémique : rites funéraires et superstitions relatives au culte des morts, aux vêtements de deuil, aux sacrifices expiatoires; formules de politesse et marques de déférence, de piété filiale : purifications religieuses après la naissance, rites d'accouchement (« couvade » par exemple), d'adoption, etc. ; toutes ces façons d'agir imposées par la tradition sont comme le baptême, la communion, le sacrifice divin, bref toutes les cérémonies religieuses, en majeure partie issues du totémisme ou de superstitions plus anciennes encore.

domestique, apparaît et se développe, sans préjudice
d'ailleurs de l'appropriation individuelle des armes,
instruments et autres objets d'usage personnel[1]. La
différenciation sociale se poursuit : la division du travail entraîne les aptitudes professionnelles les plus
diverses ; l'opposition des communautés domestiques
devient de plus en plus nette à mesure que chacune se sent
plus capable de se suffire à elle-même. Dès lors, l'organisation interne de la « maisonnée » tend à devenir
autonome ; elle se distingue de mieux en mieux de l'organisation politico-religieuse de la tribu ou de la cité
naissante. La double question de l'autorité ou de l'unité
de direction de la vie domestique et de l'hérédité des
biens se pose en conséquence. Un *droit* domestique, le
même pour toutes les « familles » de la même région
(qui toutes s'imitent et se voient imposer les mêmes
règles par la pression sociale qu'elles subissent en particulier et imposent en commun) ne manque pas de
s'établir. C'est ce droit, coutumier avant d'être légal,
qui nous intéresse le plus.

Or l'agrégat domestique comprend primitivement
partout non seulement ceux qui sont « unis par les
liens du sang », qui ont même origine et constituent la
même descendance, mais ceux qui, pour des raisons
diverses, sont venus se joindre aux consanguins et n'ont
avec ceux-ci qu'une parenté « artificielle ». Ainsi chez
les Slaves du Sud, une parenté artificielle résulte :
1° de l'élection (consacrée par le mélange du sang dans
le même verre) ; 2° de la solidarité dans un péril com-

---

1. Cette appropriation spontanée existe avant la reconnaissance par
les mœurs et coutumes de la *propriété collective* attribuée à tous les
membres d'une même maisonnée.

mun (« Viens-moi en aide et je te prends pour frère ») ;
3° de certaines rencontres (dans les lieux de pèlerinage,
dans des cérémonies d'initiation ou de mariage). Du
même ordre est la parenté du parrain élu, de la mar-
raine, avec leurs filleuls ou filleules dans certaines
familles chrétiennes. La communauté d'intérêts économiques, les rapports de maître à serviteur, de patron
à compagnon ou à apprenti, de bénéficiaires principaux à auxiliaires de toutes sortes, de protecteurs à pro-
tégés, de bienfaiteurs à secourus ou recueillis, ont pu
en maint lieu contribuer aussi à élargir le cercle des
relations domestiques constantes. La puissance de
l'agrégat semble le principal objectif ; du moins tout
se passait comme si elle l'était. Quand cette puissance
atteignait sa limite normale, l'essaimage se produisait
spontanément, et autour de la communauté-mère les
filiales tentaient de vivre à leur tour chacune d'une vie
propre, tout en conservant entre elles des relations qui
faisaient de leur ensemble un groupe distinct des groupes
similaires.

C'est ainsi qu'au début de la période historique un
double mouvement s'est produit dans les sociétés les
plus avancées ; le clan homogène s'est fractionné en
agrégats domestiques, tout en conservant sa religion,
son autorité sur l'ensemble des groupements désormais
fédérés ; et d'autre part les agrégats domestiques ont
essaimé et formé autour d'un noyau central des villages
ou des unions de maisonnées constituant une sous-
fédération dans la fédération tribale. Le *janmanä*
védique ou *gráma* est cette union d'apparentés formant
un village, qui peut avoir une propriété commune,
mais qui d'ordinaire laisse à chaque maisonnée son

bien propre, quels que soient les rapports constants d'assistance mutuelle. Au *grâma* védique correspond le *viç* iranien, le *genos* ou la *gens* gréco-romaine ; de même que plusieurs *grâma* formaient un *jana*, les viç, genoi et gentes formaient les *zantu*, *phratria* et *curia*, au-dessus desquelles apparaissaient les *daqyu*, *phylè* et *tribus*[1]. Sumner Maine et Baden-Powell ont montré que les communautés indiennes sont, comme celles des Hindous, du type fédératif qui vient d'être sommairement décrit.

Pour bien régler la transmission des biens et de l'autorité, il fallait déterminer de plus en plus exactement la parenté juridique ou légale, indépendamment de la parenté religieuse et de toutes les parentés artificielles ou conventionnelles. Le type dit matriarcal paraît n'avoir été que transitoire ; en tout cas, il s'est montré partout en régression, tandis que le type patriarcal s'affirmait généralement. La parenté utérine exclusive ne se justifiait en effet que dans les sociétés où les hommes sont nomades et où les femmes restent attachées à un sol déterminé et se livrent aux travaux agricoles pendant que les hommes vont à la chasse ou font des incursions lointaines : c'est pourquoi Grosse a attribué aux « agriculteurs inférieurs » et aux tribus de chasseurs du Kamschatka et de l'Amérique du Nord le véritable esprit matriarcal. Partout où les hommes restent dans l'habitat où peuvent se faire suivre de toute la maisonnée, le patriarcat s'organise, et la transmission des biens s'effectue selon la lignée paternelle.

1. Westermarck, *op. cit.*, II, 217 ; cf. Maine, Fustel de Coulanges, Leist, Zimmer, Mommsen, Baden-Powell. *Indian Village community*.

Il va sans dire que le régime patriarcal, traditionnel, légal et juridique, n'est pas uniforme : il comporte autant de diversité que les exigences du milieu comportent de modes d'adaptation collective. Les plus grandes divergences proviennent des droits reconnus aux femmes et aux enfants. Tandis que les peuples des pays chauds, les Orientaux notamment, eurent généralement peu de respect[1] pour les femmes et leurs droits, les peuples du Nord se montrèrent généralement plus portés à admettre presque une égalité sinon juridique du moins morale. D'autre part, la plus ou moins grande abondance des ressources naturelles, la plus ou moins grande faculté de se procurer des auxiliaires pour le travail de la terre, les plus ou moins grandes aptitudes au négoce ou à l'industrie, ont déterminé des modalités très nombreuses du régime successoral : les biens restaient indivis, ou bien passaient du père à l'aîné à l'exclusion de tous les autres frères, ou aux frères à l'exclusion des sœurs, etc. Selon les milieux et les besoins ou les traditions, l'héritage revenait à un plus ou moins grand nombre de « parents »; les alliés étaient parfois admis à la succession, parfois en étaient exclus. Enfin l'aptitude à posséder en toute indépendance était généralement déniée à toute personne strictement soumise à l'autorité morale et juridique des chefs ou du chef de l'agrégat : les enfants ont été toujours considérés comme inhabiles à acquérir et conserver des biens personnels; les femmes l'ont été très souvent; à moins qu'elles ne soient devenues avec l'âge les dépositaires d'une autorité plutôt éthico-reli-

1. Malgré des exceptions très marquées, telle que la condition des femmes dans l'Egypte ancienne.

gieuse, l'indépendance économique leur a été presque toujours refusée sous le régime patriarcal proprement dit. La dot que la jeune fille recevait de ses parents passait immédiatement entre les mains du nouveau chef de la communauté, de même que la redevance payée en d'autres pays aux parents de la nouvelle mariée devenait la propriété de la maisonnée lésée. Rarement les frères peuvent jouir séparément d'une partie du bien commun légué par les ascendants et accru par leurs apports : l'indivision de la propriété familiale entraîne souvent l'absence de propriété personnelle jusqu'au moment de la fondation d'un nouveau foyer.

On voit combien la question de la propriété collective et individuelle a d'étroits rapports avec celle de la famille et de son évolution. Or elle est incontestablement liée à tout l'état social, en particulier à toute l'organisation économique d'une contrée, cette organisation étant elle-même sous l'étroite dépendance du milieu physique, des conditions telluriques et du climat. De plus la propriété est *tabou* : son respect est imposé par des croyances religieuses, des superstitions, qui entraînent des rites pour le transfert normal de la propriété d'une collectivité à une autre, d'un individu à un autre. Il semble bien que les rites religieux du transfert des possessions personnelles ou communes aient exercé une grande influence sur ceux qui ont été requis pour le mariage et l'adoption.

L'appropriation par la violence ou le rapt a été fréquemment le mode sauvage ou barbare d'acquisition de biens personnels : il est possible que le sentiment de la justice ne se soit éveillé dans bien des cas qu'au sujet de la réparation à accorder pour le dommage causé par une brutalité sans laquelle la mise en possession eût été impossible — sauf dans les cas de non-compétition (prétendu droit du premier occupant). Le rapt des femmes suivi d'indemnisation aux parents ou aux frères a dû être une coutume primitive fort répandue, puisqu'il en reste des vestiges significatifs[1] dans un grand nombre d'anciennes civilisations. Quant à la vente des jeunes filles à leurs futurs maris, elle marque bien la prétention de la famille ou de son chef de considérer les enfants comme une propriété, comme faisant partie du « bien » collectif ou personnel. En résumé, on ne pourrait guère comprendre les institutions familiales anciennes et même modernes si l'on ne prenait en attentive considération les étroits rapports du droit économique, notamment en ce qui concerne les différents droits de propriété, avec le droit familial, conjugal, paternel, maternel et domestique.

Quant à l'autorité juridiquement établie, résultant non du fait de l'exercice d'une force brutale, mais de la coutume ou de la loi, elle tend au cours de l'évolution sociale considérée (civilisations anciennes) à devenir de plus en plus monarchique. Contrairement à ce que supposaient les défenseurs de la monarchie autoritaire, des rois de droit divin, la famille n'est pas essentiellement (comme l'avait pensé Aristote qui ne connaissait que l'organisation patriarcale), soumise par nature à l'autorité d'un seul. Le clan, la horde, la tribu, n'ont pas un seul chef : les anciens forment conseil et leur autorité vient du respect superstitieux de la collectivité.

1. Notamment dans la cérémonie grecque du mariage.

La famille ancienne tend à avoir un chef unique : le patriarche, si plusieurs groupements élémentaires vivent en communauté, le *pater familias* pour la maisonnée isolée. En tant que seul maître, seul justicier, seul propriétaire des biens communs, le chef de famille se rapproche du pouvoir mystérieux que tous révèrent et redoutent : il devient sacré, et la désobéissance à ses ordres devient un sacrilège. Ses décisions sont inspirées par la puissance cachée dont il se rapproche plus que tout autre : elles sont sans appel, ne souffrent aucune discussion.

Plus l'autorité du père de famille ou du patriarche croît dans l'agrégat domestique ou fédéral, plus elle tend à s'exercer sans contrôle et par conséquent indépendamment des lois d'une collectivité plus ample. Il s'ensuit que l'apogée du régime patriarcal ne peut que coïncider avec la plus grande faiblesse des pouvoirs extérieurs, le maximum d'indifférence pour le bien public, pour l'intérêt général. Ici apparaît nettement l'antagonisme de la famille et du reste de la société dont elle fait partie. Dans la période préhistorique, le clan plus ou moins totémique domine pleinement la vie domestique bien qu'elle commence à se réaliser par la séparation des habitats, huttes ou tentes ; la religion est la même ; les rites et cérémonies imposées par une superstition, qui s'oriente vers la magie mise au service de l'intérêt public (ce qui est souvent toute la religion dans les temps historiques), créent le lien social et familial en même temps. Mais la parenté religieuse ne peut pas empêcher la parenté naturelle de se constituer, et peu à peu les liens sociaux se distinguent des liens domestiques ; la différenciation n'augmente pas tout d'abord la « densité morale[1] » de l'agrégat politico-religieux ; tout au contraire, l'autorité collective est ruinée par les puissantes autorités domestiques : en dehors de son royaume le patriarche ne connaît bientôt d'autre maître que son dieu. On s'achemine ainsi vers la religion du foyer, qui importe beaucoup plus que celle de la phratrie ou de la phylè (de la curie ou de la tribu). Le régime des « grandes familles » précède celui de l'État ou de la Cité. Pour qu'Athènes et Rome soient possibles il faut qu'à son tour le despotisme patriarcal régresse devant l'autorité de la collectivité organisée et législatrice ; il faut que le citoyen, produit de la différenciation sociale, l'emporte sur le chef de la maisonnée ; chose impossible partout où la dispersion des collectivités capables de former un groupe régional est trop grande. Les Barbares ont pu former des hordes envahissantes, des armées redoutables : ils n'ont pas su constituer d'État, faute de concentration urbaine. Les Gaulois, les Germains, n'ont connu que des maisonnées et des villages ; c'est du dehors que leur a été imposée l'organisation politique, antagoniste de leurs institutions familiales. Suivant les lieux, la lutte entre la société et la famille a été plus ou moins ardente ou sournoise, brève ou longue ; elle a revêtu les formes les plus diverses à différentes époques ; elle s'est atténuée pour reprendre plus violente ; elle s'est confondue avec la lutte du patriciat et de la plèbe, de la féodalité et de la monarchie, des pri-

---

1. On entend par « densité morale » celle qui résulte non seulement de la quantité relative (du nombre d'habitants par unité d'étendue), mais encore et surtout de la solidarité, de la plus ou moins étroite interdépendance intellectuelle, affective, économique, religieuse, juridique, etc. Il va sans dire qu'il est fort difficile de mesurer ce degré d'*intégration* sociale.

vilégiés et de la nation, etc. La famille paternelle des
Germains, qui reconnaissait bien plus largement que
la famille patriarcale des anciens Romains les droits
de la femme et des enfants et qui subissait l'influence
persistante de l'organisation matriarcale (comme le
montre la part faite aux parents de la ligne maternelle), ne pouvait qu'offrir moins de résistance à une
action extérieure tendant à diminuer l'arbitraire, l'autorité sans limites ou sans contrôle effectif du chef. Le
peu d'attachement à un sol ingrat ou à un climat rude
a porté en maint endroit les communautés domestiques
à émigrer ou à se dissoudre pour constituer des agrégats d'abord amorphes d'où sont sortis des bourgades
et des cités. La misère ou simplement la pauvreté ont
combattu avec la collectivité plus ample contre la puissance de la collectivité restreinte. Ainsi la « patria
potestas » a fait son temps : il n'en est resté que de
très nombreuses survivances, dans les coutumes et les
codes.

Un fait social de la plus haute importance est l'admission de plusieurs religions dans le même État. Les
civilisations anciennes n'ont connu qu'un seul système
de croyances religieuses et morales pour chaque
nation : plusieurs nations ayant la même religion ont
pu entrer en conflit ; mais les Hindous, les Égyptiens,
les Persans, les Grecs, les Romains, ont admis les
mêmes dieux, les mêmes cérémonies publiques et privées, et ils n'ont guère eu à réprimer les tentatives
d'instauration de nouveaux cultes. Au contraire les
nations modernes ont connu les conflits, dégénérant
parfois en guerres civiles, nés de l'opposition irréduc-
tible de croyances religieuses anciennes et nouvelles.

Pendant longtemps cette opposition a été une cause de faiblesse du pouvoir local, régional ou national. Il a fallu que la morale et le droit s'affranchissent progressivement de la théocratie, se « laïcisent » de plus en plus, pour que l'État moderne acquière sa pleine autorité. Les oligarchies, qui faisaient passer au second plan les questions d'unité d'obédience religieuse pour mieux assurer leur domination et le triomphe de leurs intérêts propres, ont puissamment contribué au triomphe de ce pouvoir que chacune s'est efforcé de détenir le plus longtemps possible, souvent au prix d'apostasies plus ou moins ouvertement proclamées. Une sorte de « déconsécration universelle », suivant le mot de Stirner, s'en est suivie. L'État ne pouvant plus s'appuyer sur l'Église (quelle qu'elle soit) a dû chercher son support constant dans le peuple : les mœurs démocratiques ont commencé à s'établir, rappelant celles de la Grèce où, dans l'antiquité, la contrainte religieuse avait été à son minimum. L'État démocratique contemporain tend à établir le règne de la Loi, expression des aspirations populaires, par conséquent égalitaires. Une « conscience sociale » nouvelle, politico-juridique, s'est ainsi constituée : elle vise à l'intégrité nationale, par conséquent à la lutte contre toute tentative de séparatisme régional ou local ou familial. L'antagonisme entre la nation et la famille n'a fait ainsi que s'accentuer.

La solidarité sociale la plus large exige de la famille toutes sortes de renonciations : l'agrégat domestique doit se soumettre à des lois ou décrets qui achèvent de ruiner ce qui subsistait de l'ancien communisme[1]

---

1. Cf. Durkheim. *La famille conjugale* (1892) in *Rev. phil.*, 1921, p. 3.

dans la famille conjugale, issue de la forme patriarcale ou matriarcale ou mixte. « Ce qui est caractéristique de ce type familial, c'est l'intervention toujours croissante de l'État dans la vie intérieure de la famille. On peut dire que l'État est devenu un « facteur de la vie domestique » (Durkheim), mais en lui imposant des formes, des cadres dont elle ne peut sortir, en prenant sous sa garantie le maintien de liens qu'il n'appartient pas à l'individu de briser en dehors des formes légales.

L'État intervient dans le contrat de mariage ; il remplace l'union conjugale, simplement « sanctifiée » par la bénédiction d'un représentant du clergé, ou réglée par les parents conformément aux traditions régnantes et aux mœurs, par un acte public, qui comporte nécessairement des engagements réciproques et un engagement en commun à l'égard des enfants à venir. L'État se réserve le droit d'intervenir dans le régime des successions et l'on peut prévoir qu'il tendra à détruire jusqu'aux vestiges de l'ancienne hérédité des biens, hérédité fondée sur le communisme domestique de toutes parts battu en brèche.

Ainsi apparaît l'impossibilité de séparer l'évolution familiale de l'ensemble de l'évolution sociale. Si l'ancien lien familial se relâche et menace de se rompre, c'est avant tout à des causes sociales qu'il convient d'imputer ce relâchement et cette menace de rupture. Cependant on ne peut bien comprendre les causes sociales et leurs effets que si l'on a examiné les conditions psycho-physiologiques dans lesquelles les formes sociologiques se réalisent.

CHAPITRE II

FONDEMENTS PSYCHO-SOCIOLOGIQUES
DE LA VIE FAMILIALE

I

L'AMOUR, LA JALOUSIE, LA PUDEUR ET L'ÉROTISME

En vain on cherche à « idéaliser » en prose et en vers, dans les récits qui constituent l'histoire comme dans les spéculations si souvent vaines qu'on appelle philosophie, cette *vie humaine* que seul un énorme orgueil tend à détacher de la nature; la faim et l'*amour*, comme on l'a souvent répété, gouvernent le monde. C'est seulement lorsque l'homme n'a plus faim qu'il joue, se livre à ces jeux qui à partir de la danse aboutissent à toutes sortes de plaisirs esthétiques ; c'est seulement lorsque l'activité collective, depuis les formes les plus élémentaires du travail en commun jusqu'à celles qui caractérisent nos sociétés actuelles, a assuré la vie matérielle de tous ou du plus grand nombre, qu'apparaissent les soucis d'organisation politique et de recherche scientifique : la *faim* est le génie inspirateur des premières civilisations comme la mort est le génie inspirateur des spéculations métaphysiques et des superstitions qui constituent les trois quarts des pensées religieuses. Mais la faim calmée, l'amour devient le mobile le plus puissant de tous les êtres vivants, y compris les hommes, même les plus hardis contempteurs de leur propre animalité.

Les pessimistes les plus acharnés à la prédication du suicide cosmique et de l'abolition de la « volonté de vivre » reconnaissent la puissance de l'appétit sexuel en dénonçant tous les stratagèmes du pouvoir qu'ils appellent Nature. Les religions à tendances ascétiques inspirent à leurs plus fervents adeptes de violentes diatribes contre les attraits « démoniaques » de la « chair », toujours en rebellion contre l' « esprit » : elles reconnaissent ainsi la puissance d'un instinct qui ne peut être réprimé et tant soit peu dévié sans entraîner de dangereuses perversions ou un déséquilibre mental et moral. Freud a montré avec plus de vigueur que personne — et non sans exagération parfois — les conséquences psycho-pathologiques de la répression des appétits sexuels : cette répression exigée par nos mœurs, par le développement de la pudeur, par des théories religieuses, par l'éducation et la contrainte sociale, voire légale, aboutit certainement chez bien des sujets, peut-être prédisposés héréditairement, à des psychonévroses pénibles. Nous avons pu observer il y a bientôt trente ans, dans le service de notre regretté maître Régis, deux jeunes prêtres complètement désorientés par la « lutte contre la chair » : leur imagination, surexcitée à la fois par l'appétit sexuel et par les instructions relatives à la confession (portant sur les questions si délicates des rapports sexuels, conjugaux et extra-conjugaux), par les confessions elles-mêmes de leurs pénitentes, par un célibat d'autant plus lourd que

l'effort pour persévérer dans l'observation de la règle
ecclésiastique était l'effet d'une détermination sincère,
les avait complètement « détraqués » ; et « l'aboulie
délirante » de l'un, la « neurasthénie » de l'autre
étaient devenues incompatibles avec l'exercice de leur
« ministère ». L'un d'eux notamment sortait du con-
fessionnal fou de terreurs et d'hallucinations que l'on
ne peut que soupçonner d'après la populaire légende
de saint Antoine. Le célibat complet n'est guère possible qu'aux « intellectuels » dont l'éréthisme cérébral
est tout entier tourné vers ce labeur excessif de la
recherche scientifique qui use plus que n'importe quel
autre. Le travail intellectuel intense et soutenu, de
constantes préoccupations d'affaires, industrielles ou
politiques, et d'autres « distractions » analogues, ne
sont pas dans l'ordre normal de l'évolution biologique
et psychique des êtres. Une constatation aisée à faire
le montre surabondamment ; celle de la dégénérescence,
à peu près constante dans la descendance des grands
« cérébraux ». On peut dire à peu près sûrement que
toute activité cérébrale antagoniste de l'affirmation de
l'instinct sexuel moyen est en elle-même pathologique
et a des conséquences biologiques et sociales également
redoutables.

Les femmes sont peut-être plus aptes que les hommes
à résister à la poussée naturelle de l'appétit, élan vital
vers la reproduction. La variété des tempéraments est
si manifeste à cet égard qu'il est difficile d'établir des
moyennes, qui ne pourraient guère reposer que sur les
confidences des confesseurs et des médecins. Freud a
dû exagérer d'après les données d'une clientèle vien-
noise où les femmes désœuvrées, libidineuses plus peut-

être d'imagination que de fait, ne manquaient probablement pas. Le célibat imposé par les nécessités sociales à tant de « vieilles filles », à tant de veuves, ne paraît pas leur peser d'une façon constante ; et l'on croit savoir qu'en général les impulsions violentes, brutales, quasi-irrésistibles à la satisfaction de l'appétit génésique provoqué par l'image, le geste, l'incitation, bref la pornographie ou l'offre, se trouvent surtout du côté masculin. Cependant l'érotisme mystique d'une sainte Thérèse nous avertirait, si nous n'avions les données encore plus sûres de la psychiâtrie, de la constante liaison des délires érotiques et des psychoses religieuses chez les femmes, de l'importance capitale de cette déviation de l'appétit sexuel et de l'amour normal qu'est l'amour éthéré de l'homme-dieu ou d'une divinité capable d'embraser jusqu'à la complète extase. L'abandon aux impulsions érotico-mystiques, le quiétisme de Mme de Guyon et l'exaltation de la dernière tsarine sous l'influence des prédications de Raspoutine, nous montrent la variété des détours que prend pour se manifester le plus puissant des instincts animaux et humains.

Il domine tellement la vie que des jeunes gens ne voient parfois d'autre alternative que sa satisfaction ou la mort ; que bien des exaltés des deux sexes sacrifieraient aisément et sacrifient en fait très souvent leurs longues années à vivre, leur avenir à tous les points de vue, leur quiétude, leur bonheur, leur honneur même, à des joies éminemment instables, à des triomphes éphémères. Toute la littérature, tout l'art, montrent la prédominance de l'amour sur les autres matières à jeu imaginatif. Généralement victorieux de toutes les autres passions, et même de la crainte du péril ou de la mort, source d'une multitude de sophismes et de déguisements, l'appétit sexuel règne des chaumières les plus humbles aux palais les plus somptueux, des bouges les plus infects aux cieux les plus idéalisés, se confond partout avec l'impulsion vitale elle-même tant que subsiste quelqu'énergie pour son expansion.

Parce qu'il est puissant, l'appétit sexuel est particulièrement redoutable dans l'espèce humaine où il met à son service une intelligence prête à toutes les déviations imaginatives, les exaltations poétiques, les justifications rationnelles, les codifications hypocrites, les mensonges, simulations et dissimulations, les tromperies et les cruautés. Les autres animaux ont des exaltations temporaires et périodiques, sans doute parce que leurs organismes ne sont pas, comme celui de l'homme, sous la dépendance d'une puissance d'imagination telle que les organes les plus rebelles à l'action directe d'une décision volontaire sont les plus soumis à la psycho-motricité à demi-consciente ou inconsciente. Les espèces animales même les plus proches de la nôtre semblent ignorer le perpétuel éréthisme cérébral et médullaire qu'entretient et développe, jusque chez les vieillards, l'aptitude croissante à imaginer des fins et des moyens, des situations et des actes, des joies égoïstes et des émotions sympathiques, avec leurs causes et leurs conséquences. Aussi les sociétés animales ne voient-elles pas se développer en elles la crainte des appétits et plus particulièrement de ceux qui se rapportent à la fonction génésique. L'humanité au contraire a vu naître et grandir une appréhension, de

plus en plus justifiée, des troubles et malheurs dus à
Eros; et la *pudeur* paraît devoir être rattachée, au moins
comme à l'une de ses origines, à la crainte vague, à
demi-consciente, de la divinité charmeuse et cruelle.

D'autre part l'appétit sexuel ne s'élève jusqu'à l'amour
que par une série de formes de plus en plus complexes
qui commencent avec le choix. C'est un fait qui se
répète très fréquemment à tous les degrés de l'échelle
animale que celui de la recherche, par le mâle, de la
femelle qui correspond le mieux à son appétition, de la
sollicitation par divers mâles rivaux d'une femelle élue,
du refus plus ou moins persistant par la femelle de divers
mâles, à l'exclusion d'un seul[1]. On sait combien les
attraits d'ordre esthétique jouent souvent un rôle important dans cette sélection sexuelle; Espinas a même noté
le rapport qui semble s'établir entre le déploiement
des charmes les plus apparents et la persistance du refus
ou sa prolongation : « sans ces refus les aptitudes
séductrices n'auraient ni le temps de se manifester, ni
l'occasion de naître ». Dans l'espèce humaine, les
valeurs sexuelles et les valeurs esthétiques se com-
plètent : de même que les animaux les plus jeunes, les
plus vigoureux, les mieux conformés s'accouplent plus
volontiers avec ceux qui présentent les mêmes avantages biologiques qu'avec des êtres plus chétifs, plus
âgés ou maladifs, les hommes en principe recherchent
les femmes saines, jeunes et fortes, et les femmes les
mâles les plus brillants de vigueur et souplesse. Plus
encore que chez les animaux les parures naturelles et
artificielles, la beauté, la grâce, exercent leur séduction
et donnent lieu à des rivalités, qui montrent combien

1. Cf. Espinas. *Sociétés animales;* sect. III, ch. 1er.

une expérience constante a appris l'étroite parenté des excitations imaginatives et des appétitions sexuelles. Les facteurs psychiques de l'attraction l'emportent ainsi sur la force brutale, bien avant que la civilisation humaine ne donne à l'intelligence un rôle hors de pair dans la vie individuelle et collective. Le plaisir de la poursuite, de l'exaltation des désirs, de la compétition sans violences, correspond chez les mâles aux satisfactions qu'éprouvent les femelles fières d'éveiller des rivalités et de régner en différant leur choix. La coquetterie et la pudeur s'apparentent et ne cessent de se confondre, comme moyens, plus ou moins consciemment adoptés, de réaliser ce paradoxe : la faiblesse victorieuse de la force.

La victoire, due à des armes telles que l'attrait persistant, a une conséquence d'importance capitale pour la formation des *sociétés conjugales* : la durée de l'union. L'accouplement que ne précède et que ne suit aucune exaltation du désir par l'imagination n'a qu'une portée biologique ; celui qui n'intervient qu'après une préparation psychique capable de surexciter les aptitudes à l'invention, aux émotions sympathiques, aux espoirs et appréhensions, aux jeux les plus variés, est rarement éphémère. L'union sexuelle sans lendemain est bien plus fréquente chez les oiseaux et mammifères les moins intelligents que chez les autres, où l'on a constaté une véritable fidélité monogamique.

Dans l'espèce humaine la fidélité conjugale est exigée généralement par des mœurs, des coutumes, des lois, qui ont leur raison d'être dans les sentiments, aspirations et répulsions collectives, et aussi dans la nature commune des hommes. L'amour peut y contribuer, parfois largement ; mais on soutiendrait difficilement que la diversité, la complexité, l'instabilité des sentiments qui portent le nom commun d'amour ne soient pas plutôt un obstacle chez la plupart des individus à la complète élimination des rapports sexuels extra-conjugaux, à un attachement continu et exclusif des époux.

Ce sont plutôt des sentiments qui se rattachent à l'appétit sexuel développé et canalisé par la civilisation, qui permettent et au besoin imposent la fidélité conjugale. Au premier rang se place la *jalousie*, qui n'est pas toujours éveillée, et surtout de la même façon, chez tous les hommes par la passion amoureuse. Déjà la plupart des animaux se montrent jaloux, les mâles plus que les femelles, peut-être parce qu'ils ont plus de force, de brutalité, de courage, d'ardeur combative. Le mâle cherche généralement à s'assurer la « possession » exclusive de la femelle de son choix, et il se révèle audacieux, cruel, à l'égard de ses rivaux : il suffit de rappeler les combats de coqs dans la basse-cour et de daims dans les clairières. Mais l'ardeur passée, la jalousie disparaît. Chez les hommes, la jalousie est souvent plus durable que l'amour lui-même, et l'on voit des amants ou des époux rester attachés l'un à l'autre plus par aversion pour le triomphe de tout rival possible que par inclination tendre. Spinoza avait sommairement, mais fortement, traduit le sentiment de l'amoureux qui se représente son rival et dont la jalousie est entretenue par une imagination obsédante. Les maris jaloux sont attachés au foyer par une crainte qui pour n'être pas un mobile très relevé n'en est pas moins un facteur, sinon de paix dans le ménage, du moins de stabilité ; c'est seulement lorsque la jalousie devient morbide et participe d'une défiance exagérée qu'elle peut présenter un grave danger pour le maintien de l'entente entre époux et pour la cohésion de l'agrégat familial. La jalousie de l'épouse, quand elle se maintient dans les limites d'une appréhension presque justifiée, lui inspire parfois sans qu'elle s'en doute le recours aux moyens féminins de conserver un empire de bon aloi sur le mari exposé aux séductions du dehors. Les femmes réputées les plus « honnêtes » déploient ainsi les charmes d'une coquetterie que les plus sévères moralistes n'oseraient blâmer. Parfois la femme qui craint de voir s'éloigner d'elle le mari « volage » ou inconstant, a recours à l'arme dangereuse que lui fournit l'éveil de la jalousie masculine. Le mari l'emploie plus rarement parce qu'il redoute les effets d'un désir de vengeance, ou d'une répulsion ou d'une résignation qui amène le détachement.

Les romanciers, les auteurs dramatiques, se sont fréquemment inspirés de l'observation quotidienne de toutes les nuances de la jalousie dans les deux sexes, et des effets si variés de sentiments qui vont de la simple inquiétude, sans objet défini, au paroxysme de l'excitation. Il n'est pas permis au psychologue et au sociologue de ne pas tenir compte des réalités correspondantes. Souvent la rupture du lien familial tient à une méconnaissance de la part de l'un des époux de l'importance que peut avoir, qu'a en fait très généralement, la jalousie normale ou pathologique. L'absence de toute jalousie chez certains dégénérés ou criminaloïdes est une anomalie nuisible à la moralité publique et privée, même lorsqu'elle paraît de bon ton dans les milieux dits « mondains » : le mari qui ne s'inquiète pas des séductions auxquelles sa femme est exposée, qui montre de l'indulgence pour toutes sortes de « flirts », sous prétexte de confiance illimitée ou de respect de l'indépendance personnelle, est déjà un produit artificiel d'une civilisation trop vieille ; la solidarité domestique, familiale et conjugale n'est guère vivace et efficace quand elle permet un si grand désintéressement.

L'indifférence pour l'adultère est l'aboutissant de cet effacement progressif des sentiments naturels de jalousie. On ne trouve une telle indifférence dans aucune civilisation primitive, même chez les sauvages où la virginité n'a aucune importance au point de vue matrimonial. La polyandrie, comme le remarque Westermarck, « a été de tous temps exceptionnelle dans la race humaine : il n'y a aucun indice solide de la valeur de la théorie de Mac Lennan, suivant laquelle, ce fut la règle dans les temps primitifs ». Dans les « familles polyandriques », les maris furent ordinairement frères, et parmi eux l'aîné eut dans la plupart des cas une supériorité marquée. Dans de tels cas, la polyandrie fut la manifestation d'une bienveillance fraternelle à l'égard des plus jeunes dont les exigences ne pouvaient être justifiées que par le manque de femmes dans la tribu : le type Toda a promptement évolué dans le sens de la propriété personnelle de la femme lorsque l'élément féminin s'est numériquement accru. On ne saurait considérer comme une « polyandrie de fait » la coexistence connue, affichée, de l'union légale et d'une ou plusieurs unions libres temporaires, telle qu'elle est tolérée et quasi acceptée dans certains milieux européens de nos

jours : la femme qui a ouvertement un mari et un ou
plusieurs amants est un objet de réprobation en dehors
des milieux restreints où l'on professe l'indifférence
morale. Le mari « complaisant », quelles que soient
les théories par lesquelles il tente de se justifier, est
partout méprisé : il l'est à juste titre comme manquant
d'un sentiment naturel de jalousie et comme agent de
désintégration sociale, dont l'exemple est ruineux pour
l'organisation familiale.

La polygamie, normale dans beaucoup de peuples,
surtout orientaux, ne porte pas la même atteinte au
sentiment normal de la jalousie. La femme musulmane
accepte fort bien, ne serait-ce que par sentiment religieux, ou par une résignation imposée par la contrainte
sociale, la pluralité des épouses légitimes : sa jalousie
atténuée par l'habitude d'une passivité obligatoire, n'en
subsiste pas moins, prête à se manifester dès que sa
servilité diminue, pour tendre à exiger de plus en plus
énergiquement la monogamie, conquête des occidentales.

Un autre sentiment étroitement rattaché à l'amour
est celui de la *pudeur*. Quelle que soit la violence de
l'appétit sexuel, les hommes éprouvent une aversion,
croissant avec la civilisation normale, à lui donner
libre cours publiquement. Le besoin d'intimité paraît
lié au désir d'appropriation personnelle et de pleine
liberté dans les manifestations d'une tendresse réciproque. L'amour humain est un sentiment égo-altruiste,
caractérisé par la tendance à procurer du bonheur à
autrui, à en être exclusivement la cause et à en bénéficier par une émotion sympathique à l'exclusion d'un
tiers. Le fait de l'élection de la personne aimée entraîne

l'éloignement du milieu social. L'appétit grossier se satisfait quand il peut et comme il peut ; comme il comporte peu de choix et pas de suites durables, il est impudent ; il peut être cynique. L'amour qui fait imaginer un bonheur défini, et fait croire à la possibilité de perpétuer indéfiniment le bonheur à deux, suppose la pudeur.

La femme impudique n'inspire pas l'amour proprement dit ; elle est traitée par l'homme comme un moyen, non comme une fin. La pudeur féminine est en fait une source de dignité ; elle exige le respect en augmentant le désir. Il n'est donc pas surprenant que la pudeur se soit développée, selon les lois de la sélection naturelle et de la systématisation spontanée, chez la plupart des femmes civilisées. L'enfant qui ignore la question sexuelle n'éprouve pas un tel sentiment, qui n'apparaît qu'à la puberté. Les mystiques éprouvent à ce moment comme une « honte d'avoir un corps », selon l'expression néo-platonicienne, parce qu'ils sentent à la fois l'attrait sexuel et le besoin de le réfréner pour mieux se gouverner. L'adolescence est le moment des amours fervents, surtout chez les jeunes filles, pour les êtres mythologiques que les religions placent en dehors des réalités vulgaires : les jeunes émules de sainte Thérèse apportent dans leurs dévotions une ardeur empruntée à la vivacité de leurs appétitions sexuelles encore obnubilées ou inavouées, surtout parce qu'aucune pudeur ne les empêche de proclamer leur amour pour le « cœur de Jésus » ou pour l'Être ineffable, dieu d'amour, de miséricorde, de charité. Tout le mysticisme des jeunes gens n'est que l'effet d'une substitution, imposée par la pudeur et la tradition, de l'immatériel au sensible, substitution qui, comme l'a indiqué Freud, est une satisfaction pathologique de l'instinct sexuel réprimé.

La répression de l'appétition naturelle d'un sexe pour l'autre peut aboutir à des troubles graves et à des perversions, des dépravations, des inversions, que les psychiâtres ont fréquemment à observer et qui ont malheureusement leur répercussion dans bien des agrégats domestiques. Ces faits pathologiques peuvent être des causes de désintégration familiale. Mais le plus souvent, la répression n'aboutit qu'à une continence approuvée par les peuples civilisés et conforme aux préceptes les plus justifiés de l'hygiène biologique et psychique. L'absence de pudeur et de modération sexuelle chez les jeunes gens est une menace grave pour la stabilité de l'union conjugale ultérieure : les jeunes débauchés contractent des habitudes de mépris pour les femmes, de manque de dignité personnelle, d'indifférence pour les fréquentations sexuelles qui non seulement les détournent de la fidélité conjugale, mais encore les éloignent de la vie de famille. Les mœurs autorisent donc à tort en maint pays le « libertinage » précoce et durable ; les parents montrent donc à tort de l'indulgence pour les « fredaines » des adolescents, et l'on a le droit de s'étonner lorsqu'on entend des pères à l'intelligence vive et à l'esprit cultivé déclarer qu'ils entendent laisser toute liberté à leurs grands fils au point de vue sexuel, alors qu'ils n'ont pas même pris la précaution élémentaire de leur donner sur ce point une éducation convenable.

La pudeur des jeunes filles paraît avoir plus d'importance aux yeux de la plupart des gens, peut-être parce

que la dépravation féminine entraîne souvent des ennuis
sérieux, notamment ceux des maternités précoces et
irrégulières. Mais au point de vue psycho-sociologique
la valeur de cette pudeur est grande parce que rien ne
favorise davantage l'éclosion et le développement d'un
amour durable que le refus persistant de la femme de
se laisser entraîner par des propos, des gestes, des attitudes et des actes, sur un terrain où l'appétit brutal
risquerait de se manifester avec ses exigences bestiales.
Sans doute, la pudibonderie, affectation de la vraie
retenue, exagération ou hypocrisie, n'est d'aucune portée pour l'avenir de la famille ; nous n'avons nul besoin
d'un éloignement plus apparent que réel pour la considération calme des réalités et des nécessités naturelles : la fonction de la femme est la maternité, et elle
ne peut que tendre à la remplir normalement, sans
aucune aversion ascétique ou mystique pour l'amour
sain et ses joies. Ce n'est pas en prétendant tout ignorer des relations sexuelles qu'une jeune fille reste digne
d'estime : on sait bien que les Agnès, souvent mal ren-
seignées d'ailleurs, sont moins sûres d'elles-mêmes que
des jeunes filles plus libres d'allures. La vraie pudeur
commence où s'arrête la légitime curiosité et où les
rapports entre personnes de sexes différents commencent
à comporter un plein abandon de soi-même aux caprices
d'autrui, aux entraînements de la passion amoureuse.
Il s'agit donc d'une retenue pleinement consciente d'elle-
même et de ses fins : avec l'âge la pudeur instinctive
du début ne peut que devenir une défense volontaire
contre des dangers définis. C'est pourquoi la chasteté
de la femme mariée ne diffère pas foncièrement de la
chasteté de la fille nubile : le principe en est le même,

bien que l'expérience des relations sexuelles ait modifié l'aspect de la conduite féminine.

La pudeur de la femme mariée est, comme celle de la jeune fille, une source de retenue et par là même de force morale, de puissance d'action sur l'homme. La plus grande intimité, le plus complet abandon, n'impliquent pas la complète disparition du charme qui résulte de la survivance d'une appréhension vague, d'une sorte de méfiance à l'égard de l'appétit brutal. On exagère parfois le « respect » que d'après les moralistes le mari doit avoir pour sa femme : un respect formaliste, tout de commande, imposé du dehors par la « bonne éducation », ne sert d'ordinaire qu'à cacher une demi-indifférence ; il est trop de maris qui « respectent » leurs femmes parce qu'ils leur préfèrent des maîtresses. Ce n'est pas cette sorte d'hypocrisie qui préserve le lien familial d'une plus ou moins prompte rupture ou d'un plus ou moins grand relâchement. C'est bien plutôt une délicatesse imposée par la pudeur féminine, un souci d'éviter la grossièreté de relations quasi-animales, de conserver à l'amour son caractère de sentiment proprement humain.

La pudeur de la femme mariée a pour complément naturel, inévitable, la chasteté, indispensable à la pureté et à la persistance indéfinie de la parfaite union conjugale. La femme qui sait aimer son mari ne risque guère de céder aux entraînements d'une passion, toujours possible, qui l'entraînerait à une déchéance morale à ses propres yeux. L'amour sain comporte une dignité qui ne permet pas l'adultère.

Cependant l'amour, inséparable de la jalousie et de la pudeur, l'est aussi de la *coquetterie*. L'homme aime séduire; la femme vise à charmer ; pour y parvenir, l'un et l'autre usent, comme les animaux, oiseaux et mammifères, des moyens naturels qui résultent de l'excitation amoureuse, et aussi de procédés qui relèvent d'artifices proprement humains. La coquetterie féminine est la plus manifeste : en même temps que sa pudeur porte la jeune fille à fuir et la femme à se refuser aux amoureux qui l'assiègent, le désir naturel les porte à chercher à briller d'un éclat particulier aux yeux de celui qu'elles préfèrent ou de ceux parmi lesquels se trouvera l'élu. Rien d'anormal par conséquent dans la coquetterie qui se manifeste dans la parure, le chant, la démarche, l'attitude, et toutes sortes de manèges souvent plus instinctifs que nettement intentionnels et bien calculés. Mais quand on a pris l'habitude de moyens de séduction spontanément adoptés, on est presque fatalement amené à en chercher de nouveaux, à perfectionner les anciens, à les utiliser non seulement pour capter l'attention de celui que l'on aime, mais encore pour attirer les regards de tout un cercle d'admirateurs possibles. On se laisse griser par de petits succès et l'on redouble d'artifices ; la sincérité, la spontanéité, font place à la simulation, au calcul, à la « rouerie » : la coquetterie devient uniquement un procédé intentionnel de conquête pour le plaisir du triomphe, une recherche plutôt des sources de curiosité malsaine que des moyens de capter les cœurs ; elle ouvre la porte à toutes sortes de rivalités mesquines, et bientôt d'extravagances.

La jeune fille « coquette » devient rarement une femme sérieuse, quand sa coquetterie a cessé d'être l'effet d'un désir de plaire, de susciter et entretenir ou développer un amour sincère, durable. La femme mariée qui verse dans la coquetterie risque d'être amenée à la galanterie par le besoin d'offusquer les inconnus, d'éclipser des rivales, de se faire valoir par des attraits sur la valeur et la portée desquels elle s'abuse. Ainsi s'introduit dans la vie conjugale le ver rongeur du luxe, de la vanité : le désir de succès mondain à tout prix fait déserter le foyer et mène au moins à l'indifférence pour l'amour sain, sinon au vertige et à l'adultère.

En résumé, pour que l'amour soit favorable à la constitution de la famille, c'est-à-dire à la persistance du lien conjugal (indépendamment de la contrainte exercée par les lois et les mœurs et sur laquelle on ne peut guère compter), il paraît indispensable que les sentiments connexes de la jalousie, de la pudeur et de la coquetterie, soient maintenus dans les limites que leur assigne leur rôle normal. L'excès et le défaut sont également préjudiciables au développement régulier du sentiment d'affection mutuelle, d'attachement réciproque qui fait qu'à la longue l'amour-passion devient amour-tendresse pour finir par une sorte d'amitié.

Mais le pire ennemi de la parfaite monogamie et de la stabilité ou du développement régulier de la vie conjugale, c'est l'amour lui-même quand il prend l'aspect d'une excitation érotique, celle précisément que les poètes ont le plus souvent exaltée, celle dont Stendhal a prétendu faire la « physiologie ». On a pu soutenir que l'amour ainsi compris n'existe guère qu'en dehors du mariage ; ce qui revient à dire que quiconque veut vivre l'existence amoureuse, sans être un don Juan, ne peut que renoncer à la vie conjugale ou se faire une double existence sexuelle, régulière en apparence d'un côté, « indépendante » de l'autre.

L'érotisme, pour lui donner son vrai nom, a toutes sortes de nuances et bien des degrés : parfois effréné, il subordonne tout le reste de l'existence à la satisfaction d'un désir instable ; parfois exempt d'agitation, il permet, selon le mode préconisé par Aristippe de Cyrène, que l'homme ou la femme laisse venir à soi les occasions de plaisir sans les rechercher avec avidité, sans les fuir, avec une sorte d'apathie qui paraît d'abord charmante. Qu'il ait ou non des exaltations périlleuses, qu'il connaisse après les excitations et les paroxysmes les dépressions et les dégoûts avec torpeur passagère, son caractère constant est d'être instable. Tous les amants expérimentés savent que leur liaison aura plus ou moins promptement un terme et prendra fin par l'indifférence ou la haine. Rares sont les attachements passionnés qui se transforment en liaisons définitives, sauf lorsque la passion est toute d'un côté et le froid calcul de l'autre.

C'est pourquoi les parents avisés redoutent les mariages dits « d'inclination » parce qu'ils ne paraissent avoir le plus souvent qu'une base fragile : une appétition passagère, qui présage des tourmentes fatales dès que l'attrait de l'inconnu ou de la nouveauté, l'illusion due à l'idéalisation des charmes plus supposés que réels, auront disparu. Chez les jeunes gens les premières atteintes de l'érotisme font jouer un rôle considérable à l'imagination : rien n'est comparable à l'objet de leur passion ; ils le parent de toutes sortes de qualités, et ils en attendent des joies ineffables. Les déceptions n'en sont que plus vives, et le foyer conjugal devient vite un enfer pour avoir été trop aisément conçu comme un paradis. Aussi les longues fiançailles ont-elles un avantage marqué sur les unions rapidement conclues, et réalisées. Elles permettent de mettre à l'épreuve le sentiment qui trop souvent se modifie sans cesse. « Il n'y a, dit Stendhal (*Amour*, 217), que l'imagination qui échappe pour toujours à la satiété. Chaque femme inspire un intérêt différent, et bien plus, la même femme, si le hasard vous la présente deux ou trois ans plus tôt ou plus tard au cours de la vie, et si le hasard veut que vous aimiez, est aimée d'une manière différente. »

Quand un désir érotique est satisfait avec une personne, l'imagination pare une autre de charmes encore plus grands et ainsi s'expliquent les brusques abandons ou les pénibles agonies de la passion qui n'est plus partagée. C'est pourquoi on a pu prétendre opposer victorieusement au nom de la nature la polygamie à la monogamie et même l'union libre au mariage.

Mais n'est-ce pas précisément parce que l'érotisme est éminemment instable et multiforme, source d'illusions et de déceptions, de cruautés et de souffrances, qu'il ne saurait être considéré par des gens sensés comme « sacré » et « souverain ». Le romantisme a fait son temps parce qu'il n'était qu'une exaltation passagère du moi sentimental, de l'égotisme, de l'impulsivité, d'une sorte de mysticisme érotique, qui avait encombré la littérature de ses descriptions frelatées de cas pathologiques. La suprématie morale de l'impulsivité ? aberration d'une époque troublée qui avait perdu de vue les droits de la santé, de l'équilibre psycho-physiologique et de la vraie raison pratique. Le héros romantique, et les héroïnes de l'amour qui n'admet pas que l'on discute avec lui, qui immolent sur l'autel de la passion leur dignité, leur pudeur, leur volonté, sont des êtres sans caractère, car ce n'est point avoir de caractère que de s'abandonner aux incitations d'un appétit capricieux.

La monogamie serait condamnable, proclamée contre-nature, parce qu'elle oblige à la fidélité conjugale, à la continence et à la chasteté, à la monotonie de satisfactions devenues habituelles, des êtres qui se sentent portés à rechercher la variété, et qui s'enflamment aisément à la vue ou à la pensée de charmes et de joies incessamment diversifiées. Le lien conjugal, élément essentiel du lien familial, devrait être relâché ou supprimé, parce qu'obligeant les époux à une perpétuelle hypocrisie, à des feintes, à des mensonges, à une répression malsaine de leurs appétits et de leurs caprices. La morale familiale et en particulier la morale sexuelle traditionnelle seraient des survivances de cet esprit social qui, d'après M. Paulhan, cherche sans cesse à abuser l'individu en lui imposant le respect de « devoirs » ; et la seule attitude qui convienne à l'homme averti, à l'esprit critique, serait l'ironie [1].

On ne disconviendra pas de la dualité manifeste de la nature humaine, qui permet d'opposer continuellement, et en cette question plus qu'en toute autre peut-être, l'individualisme et la sociocratie, les élans du cœur et les exigences de la raison commune. Il est hors de doute que l'homme doive se faire violence pour s'astreindre à n'avoir pendant toute son existence qu'un seul objet d'amour avoué : aussi la moralité vulgaire s'est-elle toujours accommodée plus ou moins ouverte-

---

1. Cf. Paulhan. *La morale de l'ironie* (Paris, Alcan, 1909) et *Le Mensonge du monde* (Paris, Alcan, 1921).

ment des amours variés et inconstants de la plupart des jeunes gens ou célibataires, et n'ose-t-elle pas trop nettement, par peur de rigorisme intempestif, condamner le commerce des hétaïres de tous degrés, avant le mariage. Ainsi le « bon sens » fait une concession, peut-être imprudente et jamais sans inconvénient, voire sans danger, à cette opinion fort répandue qu'il « faut que jeunesse se passe ». On sent trop bien la quasi-impossibilité de demander à d'autres qu'aux natures d'élite ou qu'aux fortes volontés d'adopter le précepte : *Homo unius mulieris*, qui cependant, au dire de tous ceux qui en ont fait l'expérience, est le principe même de la sagesse sexuelle en vue d'une parfaite sérénité : pour que l'homme ne s'attache pleinement qu'une fois dans sa vie et s'abstienne définitivement de toute autre satisfaction de l'appétit sexuel, il faut évidemment que la « bonne fortune » concoure avec sa volonté et sa vertu à lui procurer au moins un paisible bonheur et un attachement égal au sien.

Toutefois si l'on considère le nombre des femmes qui sont effectivement de corps et d'âme chacune *mulier unius hominis*, à qui la chasteté n'est nullement à charge et qui parfois s'attachent d'autant plus à un homme qu'il leur est plus infidèle, on peut supposer que la licence accordée aux mâles de gaspiller leur énergie sentimentale dans les liaisons les plus diverses et parfois perverses, n'est pas pleinement justifiée, et qu'elle s'entretient d'elle-même par le préjugé qu'elle crée en sa faveur par son simple développement.

Ce n'est pas seulement la société qui, pour perpétuer un ordre favorable à sa persistance et à son évolution ou à sa stabilité, impose à l'individu le refrènement d'une « libido » inconstante, à paroxysmes périlleux et à rémissions suivies de sautes brusques ; c'est l'être raisonnable lui-même qui s'efforce naturellement d'apporter de l'unité et de la continuité dans son moi foncièrement instable et mouvant. S'il y a une moralité commune, et une moralité sexuelle en particulier, ce n'est pas seulement parce que la société et en particulier la famille ont besoin de « duper » l'individu en lui imposant des devoirs au nom d'un Pouvoir illusoire ; c'est que la *santé* biologique et psychique de chaque personnalité humaine est en jeu.

La répression totale de l'amour, de l'appétit sexuel normal, tel qu'il se présente chez l'homme, transformé par l'influence de l'imagination, du sentiment esthétique, des inclinations sociales, de la sympathie, etc., est un danger pour la santé de ce qu'on appelle le corps et l'âme. Ceux qui croient faire le salut de leur âme en privant leur corps des satisfactions dites « charnelles » s'exposent à la perdre tout à fait avant de gagner le ciel. Mais la répression de la « libido » ne présente que des avantages pour les sujets sains qui ont besoin d'une solide base « d'automatisme sentimental », et pour les dégénérés qui en ont encore plus besoin afin de conserver le plus longtemps possible leur équilibre psychique menacé. La continuité d'un amour conjugal à développement normal est donc la condition de la santé pour les adultes, et la persistance de ce facteur important du lien familial est une exigence de l'*hygiène* avant d'être l'objet d'un précepte de morale.

Sans doute l'homme ou la femme, l'être humain avec ses passions et ses faiblesses, ses légitimes appétitions à un bonheur aussi complet que possible, est excusable lorsque, déçu par un mariage qui n'a presque rien réalisé de ce qu'il promettait, il cherche au dehors des joies qui lui sont totalement refusées, et qu'il s'efforce, ordinairement en vain d'ailleurs, de se « refaire une existence ». Mais l'excuse implique la faute. Et d'ailleurs, en fait, combien d'éclatants témoignages ne montrent-ils pas qu'il est préférable pour sa propre dignité, pour sa satisfaction personnelle, pour sa quiétude, de renoncer à demander à un nouvel amour ce que le premier n'a pas donné. La femme surtout ne refait que difficilement son existence amoureuse : elle reste la proie morale de son premier amant; car elle s'attache beaucoup plus par le don que l'homme par la conquête; et le premier don complet de soi-même marque toute la vie d'une empreinte ineffaçable. L'homme, plus aisément oublieux, moins « imprégné » moralement de ses amours successifs, peut à la rigueur renouveler les tentatives, mais à la condition que ce ne soit pas au prix d'une perpétuelle tromperie, d'une duplicité, néfaste à l'équilibre mental. On a vu des épouses se reconnaître, combien exceptionnellement, incapables de procurer à l'homme qu'elles servaient plus qu'elles ne l'aimaient tout le bonheur ou toutes les excitations de la passion amoureuse, et accepter une sorte de concubinage à côté de l'union légale, ou tolérer sans vaines récriminations une liaison amoureuse complémentaire de la vie conjugale. Mais seul le culte des grands hommes, la confiance en des destinées supérieures, entraînant des privilèges, ou bien un snobisme et un goût exagéré du paradoxe, ont permis de telles dérogations à la règle générale qui fait que la jalousie, l'exclusivisme, entraînent la haine vindicative en cas d'infidélité. Dans la vie commune, le refrènement de la « libido » est donc la condition de la quiétude personnelle, même dans les cas où les dérogations s'expliqueraient sans se justifier pleinement par un besoin mal satisfait de joies normales.

Quand on dit que l'amour, avec ses tempêtes et ses inconstances inévitables, sa « liberté », ou mieux les caprices qu'il paraît comporter, est le pire ennemi du lien familial et s'oppose à la persistance indéfinie du lien conjugal monogamique, on est donc dupe d'une confusion. L'érotisme, toujours plus ou moins en éveil chez l'être humain, n'est pas l'amour sous sa forme la plus haute, la plus vraiment humaine. Il appartient au psychologue de montrer les différents degrés de complexité et d'élévation d'un sentiment aussi protéique et aussi susceptible de pauvreté ou de richesse. La forme supérieure ne peut se réaliser sans des *inhibitions*, selon la loi de tous les processus psychiques à développement systématique, intentionnel ou spontané. Déjà la forme proprement humaine de l'amour comporte inhibition de l'appétit aveugle, puisqu'elle comporte choix ; sous un aspect plus relevé, nous trouvons l'attachement durable comportant inhibition des caprices par persistance de sentiments esthétiques, d'inclinations tendres et sympathiques ; au degré supérieur apparaît l'inhibition des passions ruineuses pour la confiance réciproque, des exaltations plus ou moins durables, après lesquelles on risquerait fort de rentrer au foyer, repentant et prometteur, mais peu digne de confiance.

L'analyse psycho-sociologique nous permet donc

d'assigner comme fin légitime à tout un système d'hygiène sexuelle, plus encore morale que biologique, la fidélité conjugale dans la monogamie (en dépit des attaques dirigées contre elles au nom d'un prétendu scientisme insuffisamment informé). Mais si l'*érotisme* est le principal danger dans l'amour, ne convient-il pas de rechercher les causes de son excitation ou de sa surexcitation chez tant de personnes des deux sexes et surtout chez les hommes, afin d'y mettre obstacle par des moyens reconnus efficaces objectivement ?

La vie sociale est un des grands facteurs de l'érotisme individuel par tous les procédés auxquels les civilisés ont recours pour affaiblir l'inhibition et accroître l'intensité des excitations à une libido effrénée. Au premier rang est la pornographie, qui joue un rôle considérable dans la lutte engagée par l'immoralité contre la solidité du lien familial. La vision du « nu » est sans danger quand les passions érotiques sont inhibées grâce à la puissance du sentiment esthétique ou du plaisir des sports, des exercices gymnastiques. Dans les pays chauds, en Orient, partout où la température comporte un minimum de vêtement, la vision habituelle d'une quasi-nudité n'entraîne aucun appétit malsain. Dans l'ancienne Grèce, Platon ne voyait aucun inconvénient à ce que les jeunes gens des deux sexes s'exercent ensemble dans les gymnases, et de nos jours on sait que le développement des sports féminins permet bien des relations entre adolescents des deux sexes sans manifestations d'érotisme. Le soin trop apparent de cacher la nudité est souvent plus provocateur que la négligence contraire. Mais dès que l'ostentation du nu vise à exciter l'appétit sexuel, on aboutit à la pornographie, souvent d'autant plus dangereuse qu'elle est plus raffinée et qu'elle se déguise derrière des soucis apparents d'esthétique. Jeunes gens, adultes et vieillards même, sont alors bestialement enchaînés par l'éveil de cupidités malsaines ; et l'entraînement aidant, ils fuient le foyer familial pour rechercher des excitations toujours plus fortes (les doses devant sans cesse être accrues à cause de l'accoutumance, source d'atonie).

La pornographie tend manifestement à s'installer partout, dans les milieux où les dépravations croissent avec la densité sociale et où croît sans cesse la puissance corruptrice de l'argent. Elle règne vite dans la littérature, au théâtre, au cinématographe, dans les réunions mondaines, dans les arts et jusque dans les modes des vêtements.

L'éréthisme cérébro-spinal, qui est entretenu chez les gens de tout âge, de toutes conditions, et des deux sexes, par toute la pornographie cynique ou dissimulée, est surtout préjudiciable à l'avenir social et familial quand il se manifeste chez les adolescents. La littérature classique, même expurgée, contribue fréquemment à éveiller chez les jeunes gens des curiosités malsaines, ne serait-ce qu'en les incitant à lire les livres plus exempts de retenue où les choses de l'amour sont traitées avec plus de réalisme. L'amour de Chimène ou de dona Sol, celui de Phèdre ou d'Agnès mènent à l'analyse de la passion de Mme Bovary ; les *Confessions* de Jean-Jacques acheminent vers Stendhal, et l'inquiétude sexuelle éveillée chez les jeunes gens de seize ans les pousse à faire plus ample connaissance avec la réalité qu'ils soupçonnent, et qui généralement se présente tout d'abord à eux sous la forme la plus basse.

De dix-huit à vingt-cinq ans les jeunes gens appelés à constituer les « classes dirigeantes » ne voient guère l'amour qu'à travers la débauche, et les visions obscènes continueront à les obséder lorsqu'ils seront mariés. L'amour conjugal est ainsi exposé à faire naufrage de bonne heure, par un retour inévitable aux mauvaises habitudes du début de l'existence virile.

La séparation rigoriste des deux sexes dans l'éducation des adolescents est loin d'être un remède à l'érotisme ainsi entretenu et développé : dans les pays où une pudibonderie plus qu'inconséquente et généralement formaliste, donc hypocrite, met entre jeunes gens et jeunes filles une barrière « protectrice » des « bonnes mœurs » traditionnelles, l'exaltation d'une imagination morbide, s'exerçant sur des données fausses, fait aspirer les uns et les autres à une liberté qui dégénère vite chez beaucoup en licence dès que le frein extérieur vient à manquer. Or, si un précepte pratique se dégage des considérations qui précèdent, c'est bien celui-ci : développer au sujet de l'amour le refrènement interne, celui qui résulte de l'inhibition des appétits et de l'érotisme par l'empire constant de sentiments plus relevés.

La solidité du lien conjugal est à ce prix. La prudente coéducation des sexes, l'habitude d'analyser les impulsions de l'instinct sexuel et de discerner ce qu'il y a de normal, de vraiment naturel, c'est-à-dire de proprement humain dans l'attrait qu'exercent les êtres d'un sexe différent, l'éloignement de la Vénus vulgaire sans enthousiasme factice pour la Vénus Uranie, voilà ce qui peut le mieux préparer à la famille des adeptes convaincus de la nécessité de conserver au lien conjugal sa pureté et sa force, sa résistance aux incitations issues des caprices érotiques.

II

L'AMOUR PATERNEL ET MATERNEL

Les animaux qui vivent en sociétés conjugales d'appréciable durée doivent leur fidélité bien plus à l'instinct maternel et paternel qu'à un simple appétit sexuel. Tous ceux qui ont étudié les mœurs des animaux ont constaté avec Espinas que la durée de l'union est proportionnelle à celle des soins exigés par la progéniture. Le mâle se montre attaché à la femelle surtout, chez les oiseaux pendant la ponte et la couvaison, chez les mammifères pendant la gestation et le premier élevage des petits. A fortiori en est-il de même dans l'espèce humaine : en général, l'homme est plus fortement attaché à la femme à partir du moment où une prochaine maternité se manifeste et encore plus à partir du moment où l'enfant requiert toutes sortes de soins maternels. C'est d'ailleurs ce qui nous incite à penser qu'en dépit de certaines apparences, mises trop exclusivement en lumière, la promiscuité avec ignorance de la paternité, indifférence du père pour sa propre progéniture, n'a été que tout à fait exceptionnelle aux plus bas degrés de la civilisation, ainsi qu'un matriarcat comportant complète méconnaissance du lien naturel entre le père et ses propres enfants. Le matriarcat a été surtout une forme juridique, dont le fondement était la reconnaissance officielle de la seule parenté féminine selon la descendance utérine, dans es clans et tribus ou peuplades où l'élément mâle était subjugué, généralement parce que d'origine étrangère ou de caste inférieure. Ce que l'on a appelé le « mariage par groupes » constaté d'après Fison dans l'Australie méridionale, et d'après Spencer et Gillen dans presque toute l'Australie centrale, n'est pas à proprement parler un indice de l'ignorance complète de la parenté naturelle individuelle : il s'agit d'un système de parenté religieuse qui ne tient pas compte des unions sexuelles prises séparément, afin de constituer des classes entre lesquelles les relations intimes sont considérées comme incestueuses, par conséquent prohibées ; il s'agit d'une classification exogamique fondée sur la parenté religieuse, sur ce point comme sur tant d'autres du globe. Peut-être en bien des peuplades, la méconnaissance de la parenté naturelle au profit de la parenté religieuse a-t-elle abouti parfois à la pleine licence sexuelle dans des limites définies ; mais il y a bien loin de l'indifférence d'une collectivité sauvage pour la stabilité des unions (dès lors susceptibles de devenir très passagères) à une promiscuité érigée en règle de la vie commune.

Le fait signalé par bien des auteurs : l'absence d'une idée nette des conditions biologiques de la reproduction chez des êtres humains qui ne conçoivent pas encore des rapports de causalité, qui par conséquent ne peuvent pas rattacher la naissance à l'union sexuelle et supposent que la reproduction est due surtout à une opération magique, à l'intervention d'un esprit, n'a rien de bien surprenant ; et c'est sans doute le point de départ de toutes les légendes concernant une parthénogenèse humaine. Seul il autoriserait à penser que, aux plus bas degrés de l'échelle des êtres humains, il s'en est trouvé pour présenter un instinct paternel moins développé que celui des oiseaux et mammifères monogames, ou chez qui l'intelligence avait détruit l'instinct sans parvenir encore à le remplacer. Mais on a suggéré une autre hypothèse fort acceptable : « L'enfant n'est pas le résultat direct de la fécondation. Il peut venir sans elle. Elle ne fait que préparer, pour ainsi dire la mère à recevoir et à mettre au monde un enfant-esprit préalablement formé, qui habite un des centres locaux totémiques » (Spencer et Gillen)[1]. « Etant donnés l'orientation générale de la mentalité prélogique, et l'intérêt prédominant qu'ont pour elle les éléments mystiques de tout phénomène, comment l'aspect physiologique de la naissance ne disparaîtrait-il pas à ses yeux, pour ainsi dire, derrière la représentation infiniment plus importante des liens totémiques entre l'enfant et ses parents[2] ?» Or les tribus australiennes et asiatiques qui admettent ainsi la génération par incarnation d'un esprit rattachent pour la plupart cet esprit au totem paternel, et par là même reconnaissent indirectement le fait naturel de la paternité : elles ne font que le masquer derrière une interprétation religieuse, plus importante à leur avis. Il est donc vraisemblable qu'au moins en général la parenté naturelle a eu ses conséquences normales même dans l'humanité primitive.

La mère est partout, comme la femelle des animaux, plus dévouée à la sécurité de sa progéniture qu'à sa propre conservation. L'instinct maternel ne s'explique pas seulement par le plaisir de l'embrassement comme

---

1. *The native tribes of central Australia*, p. 265.

2. Lévy-Bruhl. *Les fonctions mentales dans les sociétés inférieures* (Paris, Alcan, 1910), p. 399.

l'a prétendu Bain, ou par sympathie pour les faibles, comme l'a cru Spencer, ou par sélection naturelle de variations spontanées, comme le souti t Westermarck. La ponte des œufs et la gestation chez es mammifères développent certainement un état affectif prédominant analogue à celui de l'appropriation dans l'espèce humaine, état affectif qui se manifeste à peine chez les poissons qui s'éloignent sans cesse du lieu de la ponte, mais qui est à son maximum chez les oiseaux et chez les mammifères qui restent dans le nid, ou auprès du lieu où les femelles ont mis bas. Dans l'espèce humaine. l'imagination joue ensuite le principal rôle : une même synthèse imaginative, obsédante, enveloppe la représentation que la mère a d'elle-même et de sa progéniture jusqu'au moment où des émotions sympathiques de tous les instants viennent renforcer encore l'attachement foncier.

Le mâle ou le père unit de même dans une représentation, plus ou moins nette suivant son degré d'intelligence, la mère et les petits. Ainsi pour l'homme l'amour conjugal se prolonge naturellement par l'amour paternel en attendant que la sympathie pour les nouveaunés pris séparément puisse être éveillée grâce à des soins constants. Aussi constate-t-on les variations concomitantes de l'attachement à la mère et de l'amour paternel du premier moment : lorsque l'amant de passage se désintéresse du sort de la femme, il se désintéresse aussi le plus souvent du sort de l'enfant, et ce n'est que plus tard, lorsqu'il éprouve des émotions sympathiques particulières, que l'on peut voir « vibrer la fibre paternelle ». Au contraire, lorsque l'attachement à la femme est profond et durable, l'amour paternel se manifeste dès le premier moment.

Comme tout amour véritable, l'affection paternelle ou maternelle croît avec les sacrifices consentis généreusement en faveur de ceux qui en sont l'objet. Plus une mère est obligée de prendre de soins pour son enfant, plus elle l'aime ; et ainsi son affection persiste aussi longtemps que sa progéniture exige d'elle de la vigilance, suscite ses inquiétudes, éveille sa sollicitude. Le père se détache plus vite, surtout si ses occupations l'entraînent en dehors de l'agrégat domestique et s'il peut s'en remettre plus complètement de l'éducation des enfants à une mère éclairée et active. Vient donc un moment où le père voit dans ses grands fils presque des amis, des associés, des êtres moins expérimentés à guider, conseiller, soutenir, mais qu'il convient de laisser voler de leurs propres ailes, tandis que les grandes jeunes filles deviennent des compagnes de leur mère. L'amour paternel peut ne pas faiblir, mais il se transforme, plus complètement que l'amour maternel, toujours empreint de quelque inquiétude et de tendresse. L'affection du père se nuance en outre d'autorité plus ou moins indulgente, tandis que la mère cherche à gouverner avec plus de discrétion, en faisant plutôt appel à des sentiments tendres. Le père éprouve de la joie à être chef, la mère s'efface plus volontiers. Ainsi les deux modes d'affection tendent à différer de plus en plus en se complétant, par une sorte de division du travail dans l'exercice du pouvoir dévolu par nature aux plus expérimentés.

Il s'ensuit que des heurts sont possibles entre le père et la mère également dévoués à leurs enfants quand

tous deux ont des tendances autoritaires ou des conceptions différentes de la direction à donner à l'éducation.
L'entente des époux peut être compromise par trop de
sollicitude pour leur progéniture, par une compréhen-
sion insuffisante des accommodements ou adaptations
requises. Ce n'est pas tout d'aimer les enfants : il faut
savoir les aimer, avec assez de sévérité et assez d'indulgence, avec équité et prévoyance, avec un sens
affiné des chances de conflits.

Parfois un trop grand amour des enfants est intempestif, et fait que l'on exagère les droits que donnent la
sollicitude et la responsabilité : il est des vigilances bien
intentionnées qui sont nuisibles à la cohésion familiale.
Certains jeunes gens pourraient se plaindre d'être l'objet
d'une trop grande affection. D'autres au contraire sont
négligés de part et d'autre par suite de la faiblesse
commune ou de la mésintelligence des époux. Tant il
est vrai que la persistance de l'amour conjugal est aussi
nécessaire en principe à l'efficacité de l'amour paternel
qu'à son apparition. Cependant, en bien des cas, l'amour
conjugal ne se développe que grâce à l'amour paternel
et maternel et seulement après la naissance des enfants ;
parfois même l'affection du père ou de la mère grandit
indépendamment de l'amour conjugal et en son absence.
Des époux vivant en mauvaise intelligence peuvent se
trouver d'accord sur les soins les plus empressés et les
plus vigilants à donner à leur progéniture ; la naissance
d'un enfant est fréquemment le signal d'un rapprochement entre mari et femme depuis longtemps moralement séparés. Par amour maternel l'épouse est souvent
amenée au pardon des fautes et même des injures du
mari. Mais le lien familial ainsi resserré est toujours

moins fort et durable que s'il repose sur un lien conjugal éprouvé.

Les défaillances de l'amour paternel ou maternel sont malheureusement fréquentes. Elles peuvent avoir des causes psycho-pathologiques ou sociales.

Tout d'abord le désir d'avoir des enfants peut être très faible ou annihilé chez les deux époux ou chez l'un ou l'autre. L'amour normal a beau avoir pour fin naturelle la procréation : il a parfois la prétention de suffire, à lui tout seul, au bonheur de l'existence. La maternité peut être retardée d'un commun accord pour éluder le plus longtemps possible les soucis que procure la naissance, pour prolonger le plus longtemps possible la vie à deux, dans la plus totale indépendance à l'égard de la vie domestique complète, pour jouir de la vie mondaine ou pour attendre une meilleure situation pécuniaire. Cependant, à la réflexion et grâce à une appétition plus ou moins nette d'un complément indispensable à la vie du foyer, le désir de l'enfant apparaît généralement assez tôt pour empêcher les unions stériles de se généraliser, au détriment non seulement de la société (intéressée à la repopulation), mais encore de la vitalité normale des époux.

Le malthusianisme ou limitation volontaire du nombre des enfants est général dans les peuples civilisés. Il provient de la crainte des charges de famille et de la servitude domestique, au moins autant que de l'appréhension d'une lutte pour l'existence trop pénible pour les êtres trop nombreux. La reproduction des animaux est limitée par le nombre des périodes de rut, tandis que celle des hommes ne connaît pas cette limitation naturelle : on y supplée par des artifices généralement nuisibles à la santé des deux époux ou de la femme. On est ainsi amené à craindre souvent la venue de l'enfant, et par conséquent à porter atteinte au sentiment paternel et maternel dans une de ses racines profondes. Le problème est des plus difficiles à résoudre théoriquement, car si d'une part les « familles nombreuses », quand elles sont composées d'enfants sains et vigoureux, sont les plus aptes à maintenir le lien qui unit les différents éléments de l'agrégat domestique, d'autre part on ne peut pas s'empêcher de prendre en considération les dangers sociaux et individuels d'une procréation sans restriction, au risque de surpeupler la terre et les nations d'un grand nombre de dégénérés ou d'inaptes. Mais quand le malthusianisme s'inspire, comme on le voit le plus souvent, d'un égoïsme qui vise à sacrifier aux plaisirs généralement malsains de l'heure présente la vitalité même de l'agrégat familial et de l'espèce humaine, on ne peut qu'insister sur ce qu'il présente de malsain au point de vue biologique et psychologique. La vie normale comporte évidemment l'amour complet, avec toutes ses conséquences et avec le désir de se dévouer toujours davantage à une famille plus riche d'éléments mieux intégrés.

L'amour paternel et maternel n'est pas combattu seulement par le désir de vie calme et de bien-être matériel. Il l'est encore par la plupart des tendances que développe la vie sociale quand elle atteint un haut degré de complexité, comportant une grande différenciation des éléments, par conséquent un individualisme croissant chez le plus grand nombre. L'homme absorbé par les affaires, par la vie politique, par les cupidités les plus diverses, dérobe à ses enfants une partie de son énergie, de son attention, de sa sollicitude. Les grandes passions de l'artiste, de l'inventeur, du savant, de l'homme politique, voire du philanthrope, portent atteinte à l'affection paternelle et par conséquent à la forte intégration familiale... La bienveillance, la lucidité, le dévouement, nécessaires pour jouer le rôle difficile de chef de famille, disparaissent vite chez le père absorbé par des soucis radicalement étrangers à la vie domestique. Bien rares sont de nos jours les hommes qui vivent la vie sociale dans le cadre de la vie familiale : un amour paternel intermittent perd de sa force en même temps que de sa continuité.

L'affaiblissement de l'amour maternel a souvent été constaté chez les femmes habituées de bonne heure à la vie mondaine. L'un des signes de cet affaiblissement est le refus d'allaiter les nouveau-nés, refus si contraire à l'instinct animal et qui entraîne fatalement une moindre affection pour l'enfant, une diminution sensible de la tendresse que développent les soins de chaque instant. Les mères commencent par abandonner leurs enfants à des nourrices, puis elles les livrent à des mercenaires, enfin les envoient dans des collèges ou pensions, de telle sorte qu'aucune de ces affections qui demandent pour se développer un exercice incessamment varié de la bonté à l'égard d'autrui, ne peut grandir en elles. Au détachement de la mère correspond celui des enfants, et si aucune crise, aucune maladie, aucun accident ne survient qui oblige enfin l'amour latent et à demi-éteint à se révéler, parents et enfants risquent fort de rester inconnus les uns aux autres en ce qu'ils ont de meilleur foncièrement.

Les femmes du monde qui ont, par une vanité qu'exa-

cerbent des succès souvent factices, pris l'habitude de
sacrifier entièrement tous les autres intérêts à celui que
leur offre l'agitation dans les salons, les théâtres, les
lieux de réunion, etc., n'ont plus le loisir nécessaire
pour penser à la famille et par conséquent pour appren-
dre à l'aimer. Car il est trop commode de croire que
les sentiments (comme les idées) sont innés ; et qu'on
les trouvera toujours prêts à se faire jour, quelle que
soit la somnolence affective accoutumée. Des élans inter-
mittents, même passionnés, ne sauraient suffire pour
éviter l'inaptitude croissante à vivre pour les enfants,
pour leur bien, pour leur évolution normale. Outre le
sentiment en lui-même, qui n'existe que jusqu'au point
où l'exercice l'a amené, il y a un art correspondant que
l'on ne peut acquérir qu'au prix d'efforts presque constamment répétés. L'art d'être une mère vraiment affectueuse pour ses enfants demande une particulière
application, qui fait défaut aux femmes plus préoccupées
de petits triomphes égoïstes que d'obligations familiales
à remplir. L'occupation continue pendant plusieurs
heures de la journée, dans un magasin ou un atelier,
nuit beaucoup moins à l'amour maternel que la distraction perpétuelle de la vie mondaine, ou artistique ou
scientifique ou religieuse.

La pathologie de l'amour paternel ou maternel repose
presque tout entière sur le défaut de sentiment affectueux à l'égard des enfants. On peut voir des mères qui
ne s'intéressent plus à leur progéniture dès sa naissance,
et qui ne parviennent pas toujours à maîtriser l'aversion
qu'elle leur inspire : elles brutalisent les plus jeunes,
se mettent perpétuellement en conflit avec les aînés,
rendent le séjour de la maison insupportable aux ado-

lescents qui s'évadent le plus tôt possible. L'aversion des pères est plus rare que leur indifférence, qui mène parfois à l'abandon moral ou matériel ou complet.

La plupart des enfants maltraités ou abandonnés appartiennent à cette catégorie généralement infortunée des orphelins de père ou de mère qui vivent avec l'un des parents remarié. La jalousie de l'époux ou de la femme, qui supporte impatiemment la présence de rejetons d'une autre souche, amène fréquemment le père ou la mère remariée à ne plus oser témoigner la même affection aux êtres issus du premier lit ; peu à peu l'habitude rend aisé un refrènement d'abord pénible, et les orphelins sont seuls à souffrir de cette abolition lente de l'amour paternel ou maternel.

Restent les cas nettement pathologiques de perversion de l'affection naturelle, à laquelle se substituent, par un effet de l'érotisme, des penchants à l'inceste. Les relations incestueuses peuvent ne pas exister alors que la perversion est déjà commencée depuis longtemps et reste même subconsciente ou inavouée. Chez la plupart des hommes tant soit peu affinés, l'appétition morbide reste à l'état de trouble, dangereux pour l'équilibre mental de celui qui l'éprouve, plus que pour la stabilité de la vie familiale ; mais chez des êtres grossiers, impulsifs, des drames qui restent généralement mystérieux en résultent. Parfois, sans qu'un érotisme anormal puisse être mis en cause, on trouve une répulsion invincible du père pour le mariage de sa fille ou de la mère pour le mariage de son fils. Freud a sans doute exagéré à ce sujet la portée de la libido incestueuse et de sa répression ; mais il est bien difficile de ne pas attribuer de telles aberrations sentimentales à une jalousie pathologique qui peut avoir, au moment où elle se manifeste, depuis longtemps déjà troublé la vie familiale.

Les préférences excessivement marquées de certains parents pour l'un des enfants sont elles-mêmes généralement des manifestations d'une instabilité anormale dans le sentiment paternel ou maternel. Pendant des périodes plus ou moins prolongées le père ou la mère se désintéresse des enfants, n'éprouve pas ou n'entretient pas l'état affectif naturel ; puis, soudain, les dispositions sentimentales s'éveillent, se développent, et il en résulte une différence très marquée dans le traitement des enfants les plus âgés et des plus jeunes. L'inverse se produit aussi : après une période de sentimentalisme souvent excessif, une sorte de satiété vient qui se manifeste par une aversion pour les derniers venus.

Il va sans dire que l'aversion pour les enfants reconnus adultérins ou soupçonnés de l'être n'a rien d'anormal : on s'explique fort bien l'absence de toute bienveillance à l'égard de tels êtres de la part du mari trompé. Mais la défiance à l'égard de la femme peut prendre la forme d'une inquiétude morbide, menant à l'exaspération des soupçons et à la cruauté à l'égard des enfants que le père selon la loi ne reconnaît plus comme vraiment siens. Encore une cause de profonde atteinte à l'unité familiale.

Bref, on ne peut pas entièrement s'en remettre à la « nature », c'est-à-dire au sentiment paternel ou maternel spontané, du soin de maintenir le lien familial dans toute son intégrité.

Il en est de ce sentiment même, quelque rapproché qu'il soit de l'instinct le plus essentiel à la vie animale, comme de tout autre : il est sujet à des variations d'intensité, d'efficacité et de qualité ; il peut se pervertir, tomber au-dessous de sa puissance normale, ou s'exagérer au détriment de l'équilibre individuel et familial.

Une des modifications les plus graves pour l'harmonie de la vie domestique que puisse subir l'amour maternel est celle qui rend tant de belles-mères insupportables. Le rôle des belles-mères, dans les ménages qui sans leur intervention auraient le plus de chance de durée, a été et sera sans doute longtemps le thème favori d'un grand nombre de vaudevillistes. Ce n'est pas une raison pour que le psychologue et le sociologue se dispensent de rechercher ce qu'il peut y avoir de fondé dans les griefs de l'opinion publique. Il y a un fait indiscutable : des belles-mères sont agents de perturbation dans les familles, tandis que peu de beaux-pères sont incriminés à ce sujet. L'amour maternel n'est-il pas ici nettement coupable de se manifester trop souvent d'une façon intempestive et après une déformation dans le sens de l'égoïsme et de l'autoritarisme ?

La plupart des belles-mères incriminées ont passé l'âge de la ménopause : leur affection en a été profondément altérée ; l'amour pour leur fille est redevenu amour de soi-même ; leur besoin de domination s'est accru à mesure qu'elles se masculinisaient ; leur aversion latente pour le gendre s'est développée sous l'influence de la jalousie. Seul l'amour des petits-enfants pourrait pallier les inconvénients de cette opposition sourde entre deux influences fatalement divergentes, celle de la mère et celle du mari ; mais toutes les grand'mères ne connaissent pas l'art d'aimer les petits-

enfants, et quand ceux-ci manquent, le palliatif ne peut
guère être remplacé. L'observation de quelques cas
pathologiques montre combien l'aversion de la mère pour
n'importe qui, mari de sa fille, est au fond du conflit permanent : on a vu une belle-mère s'ingénier à provoquer
le divorce de ses fils et réussir trois fois pour l'aîné, après
avoir elle-même choisi successivement deux fois sa
nouvelle bru. La tendance de la mère à veiller jalou-
sement sur toutes les démarches de sa fille, même
lorsque celle-ci est mariée, à faire preuve constamment de sollicitude, suffirait d'ailleurs à expliquer l'antagonisme qui ruine bien des unions conjugales et
dissout peu à peu le lien familial.

III

L'AMOUR FILIAL ET FRATERNEL

Si l'amour filial était aussi fort que l'amour conjugal
et l'amour paternel ou maternel, le lien familial serait
autrement solide et durable. Par malheur pour l'institution familiale, l'affection des enfants pour les parents
est restreinte par toutes sortes de facteurs de vie individuelle et sociale. Tandis que la mère et le père s'attachent à leur progéniture surtout par les sacrifices
qu'ils consentent sans cesse en sa faveur, par leur
propre dévouement, par leur sollicitude, par toutes sortes
de bienfaits dont ils ne peuvent attendre aucune récom-
pense, les enfants ont à porter le fardeau, lourd à tous
les êtres humains, de la reconnaissance. Aussi les plus
grandes marques d'amour filial sont-elles données par
les jeunes gens qui ont eu l'occasion de sacrifier à la
santé ou au bonheur ou à la tranquillité ou aux exi-

gences mêmes de la vie matérielle des ascendants leur propre succès ou leur quiétude ou leurs joies et satisfactions personnelles. Les enfants choyés, adulés, pourvus de tout ce qu'ils peuvent désirer, sont, et rien de plus naturel, des ingrats, parce qu'on les a dressés à l'égoïsme et accoutumés au sacrifice d'autrui : leurs exigences ne connaissent pas de limites. Les moralistes comptent en vain sur un sentiment inné : seule la réplique accoutumée à la tendresse maternelle et à la bonté paternelle peut rendre l'enfant affectueux ; seules les émotions sympathiques qu'il est susceptible de ressentir vivement peuvent le rattacher aux intérêts familiaux ; la crainte de déplaire et de « faire de la peine » dérive du désir d'éprouver des émotions sympathiques aussi agréables que possible. La générosité n'apparaît qu'après la puberté chez l'adolescent qui déjà s'oriente bien plutôt vers l'amour sexuel que vers l'amour filial, et qui, dans presque tous les cas, ne sacrifiera pas le premier au second.

Les enfants aiment surtout le « nid », et ils éprouvent simplement de la reconnaissance pour ceux qui le rendent agréable ou au moins tutélaire. Ils prennent des habitudes affectives, en répondant aux caresses de leur mère, aux bontés de leur père ; ils se font câlins, dociles, souvent à la façon des animaux domestiques désireux d'obtenir non seulement un avantage matériel, mais même une marque d'amitié. Mais ils éprouvent aussi des sentiments antagonistes de l'entière confiance : la crainte de la puissance paternelle contrebalance l'abandon affectueux à une direction sûre, présumée infaillible ; on ne peut guère aimer vraiment et redouter en même temps, et l'exercice de l'autorité légitime, nécessaire à la bonne éducation, ne va pas sans heurts qui nuisent au développement continu des sentiments tendres. L'enfant et les parents sont comme des gens de différentes races qui ne se placent pas au même point de vue pour juger : l'enfant a surtout des aversions et des répulsions, généralement très instables ; il ne raisonne pas faute d'expérience ou, s'il argumente, c'est sans beaucoup de suite dans les idées ; il ne sent pas de la même façon que l'adulte ; il ne cherche guère à justifier ses tendances ou inclinations et à les critiquer ou les subordonner les unes aux autres ; or, les parents exigeraient volontiers de lui qu'il fît preuve de reconnaissance raisonnée, d'affection éclairée, d'inhibition motivée par le désir de se conformer aux volontés paternelles ou maternelles. Les enfants et les parents « projettent » réciproquement les uns dans les autres, et bien à tort, leurs façons de sentir et penser : telle est la source de malentendus qui souvent ne font que s'aggraver à mesure que les adolescents acquièrent plus d'indépendance ou en souhaitent davantage, surtout s'ils en sont privés.

On aurait donc tort de trop compter sur la puissance de l'amour filial, si tant est qu'on puisse jamais appeler amour un sentiment qui ne devient charitable qu'au moment où les parents malades, infirmes, vieillis, exigent des soins bienveillants, des attentions affectueuses, tout comme si les rôles étaient intervertis et s'ils avaient pris la place occupée autrefois par leurs enfants. Encore faut-il constater que nombre de fils et filles devenus adultes ne donnent des soins dévoués à leurs vieux parents que « par devoir », plus par un effet de sentiments moraux d'obligation, de dignité, de pitié, que par véritable amour. Aussi les moralistes ont-ils toujours insisté sur la « piété filiale » et les mœurs des peuples civilisés l'ont-elle mise en lumière, comme elles font toujours de sentiments que l'on sait pouvoir aisément manquer ou faiblir.

En résumé, l'enfant se laisse choyer ou simplement nourrir, entretenir, protéger, sans que les habitudes affectives qu'il contracte dans le milieu familial entraînent plus qu'un attachement plus ou moins profond à ses parents dont il *sent l'amour* ; l'adolescent, à mesure qu'il acquiert plus d'indépendance sent grandir l'opposition des tendances qui les unes le rattachent à ses parents, les autres le portent à s'éloigner ; l'adulte visé à former une nouvelle famille et à vivre avec l'indépendance qui convient à sa virilité ; la jeune fille est prête de bonne heure à faire passer bien après l'amour de l'époux l'affection pour ses parents ; seuls par conséquent les vieillards peuvent connaître ce qu'ils ont longtemps cherché en vain : un amour équivalent au leur. Les enfants ne peuvent donc guère contribuer autrement que par les liens qu'ils resserrent entre leurs parents à l'intégration familiale, que menaceraient plutôt leurs tendances à vivre sous des influences étrangères pour des fins bien différentes de celles de l'agrégat domestique.

L'amour fraternel est comme l'amour filial plus prôné que profond. Sans doute, des enfants vivant sous le même toit, bénéficiant des mêmes soins, participant aux mêmes joies, aux mêmes deuils ou inquiétudes, aux mêmes souffrances ou avantages, ont naturellement un sentiment de leur solidarité effective, et d'autant plus net et efficace que cette solidarité est plus étroite et durable. Leurs émotions sympathiques accroissent leur ressemblance psychique et les disposent à faire preuve du même esprit, surtout par opposition au dehors, par contraste avec d'autres êtres solidaires d'une autre façon. C'est surtout entre les aînés et les plus jeunes que peuvent s'établir des liens affectifs confirmés par la reconnaissance, le dévouement des plus forts aux plus faibles, le sacrifice fréquemment consenti en faveur des plus débiles par ceux qui se trouvent mieux armés, ou en faveur des plus aptes par ceux qui estiment devoir seconder de plus légitimes ambitions. Mais il s'ensuit que les « liens de la consanguinité » ne sont rien auprès de ceux de l'habitude affective, qui seule crée la fraternité, et pourrait aussi bien la développer entre enfants de parents différents ayant une vie commune et de grands intérêts communs.

Bénéficiaires de tout ce que l'organisation familiale peut apporter pour le bien commun, confondus très souvent dans une affection paternelle et maternelle à peu près égale pour tous, les frères et sœurs restent étroitement unis tant que la lutte pour la vie ne leur permet pas d'opposer leurs intérêts particuliers les uns aux autres, tant qu'ils peuvent tous jouir en commun de la même aisance matérielle ou de l'apport des plus dévoués : tout ce qui accroît l'importance de chacun par l'accroissement de la puissance ou de la dignité commune, tout ce qui flatte la vanité, l'orgueil de la collectivité familiale, tout avantage destiné à rester indivis, fortifie la solidarité fraternelle. Même en l'absence des parents, elle persiste pourvu que les plus généreux, les plus forts ou vigilants, remplacent le père, et que les sœurs aînées jouent avec une sollicitude touchante, et parfois une admirable abnégation, le rôle de la mère : alors l'amour fraternel existe, mais comme succédané de l'amour paternel et maternel, et il se développe pour cette même raison fondamentale, qu'on n'aime que dans la mesure où l'on se dévoue au bien ou au bonheur des personnes aimées.

Mais les occasions de conflits, de dissentiments, d'éloignement réciproque, sont au moins aussi fréquentes que celles d'entr'aide et de parfaite entente à partir du moment où les frères et sœurs, cessant d'avoir recours les plus faibles aux plus âgés ou aux plus dévoués, cessant d'être comme des bourgeons inséparables de l'arbre, commencent à vivre chacun de sa vie propre. La jalousie est le sentiment le plus fréquemment observé dans les réunions de frères et sœurs qui n'ont plus strictement besoin les uns des autres ; les antagonismes se multiplient par suite des divergences d'intérêts, d'opinions, de tendances, et n'était l'influence des parents toujours prompts à jouer le rôle de média-. teurs, les adolescents resteraient rarement unis par un lien de véritable fraternité. On voit fréquemment des jeunes gens préférer à leurs frères des camarades ou des amis, et il va sans dire qu'un frère ou une sœur ne compte guère plus, dans la plupart des cas, en regard d'une femme ou d'un mari. Donc l'amour sexuel qui déjà tend à éloigner les adolescents des parents tend aussi à séparer ou à opposer même les frères les uns aux autres, à mettre entre les sœurs parfois de hautes barrières.

IV

LE SENTIMENT FAMILIAL

En définitive, la Famille a dans la constitution psychique commune à tous les hommes, de sérieux antagonistes en même temps que de sérieux fondements. L'amour conjugal, l'amour paternel et maternel, l'amour filial et fraternel, vus de loin et à travers les conventions sociales frénatrices des appétits individuels, paraissent devoir être la base naturelle du désir ferme de maintenir étroitement serré le lien familial. A y regarder de plus près et plus impartialement, on s'aperçoit que tous ces « amours » sont des entités créées par le verbalisme des moralistes et que le fait concret observable est autrement complexe, puisqu'il enveloppe généralement un dualisme, une possibilité de conflit : l'amour sexuel peut détruire l'amour conjugal, d'autres sentiments ou appétits ou passions peuvent aisément empêcher l'amour filial ou fraternel de naître ou de se développer, et rendre beaucoup moins efficace l'affection des parents, généralement portés à l'autoritarisme ou à l'indulgence excessive, à la trop inquiète sollicitude ou à la trop complète indifférence.

On oublie trop aisément que les sentiments, les inclinations, ne sont pas des forces distinctes, agissant chacune de son côté et avec une énergie propre : il n'y a pas de cloisons étanches et même pas de cloisons du tout entre les diverses fonctions psychiques du moi ou leurs différents modes, entre le clairement conscient et le subconscient. Jamais une personnalité n'est complètement unifiée et ne parvient à supprimer la multiplicité des orientations simultanément possibles : le sentiment familial est un « complexus », une forme synthétique très confuse enveloppée dans une synthèse encore plus complexe et confuse. Toutes sortes de facteurs interdépendants concourent à déterminer en chaque être à chaque instant une modalité affective plus ou moins favorable à la vie en famille, et contre la variabilité, l'instabilité, la précarité même de l'inclination à vivre normalement cette vie, les moralistes ne pourront rien, pas plus que les législateurs. Seul un effort persistant de volonté individuelle peut favoriser sciemment, délibérément le sentiment familial tel que nous pouvons le souhaiter.

Dès l'enfance, il nous faut faire des sacrifices souvent pénibles à l'esprit de famille : les parents demandent de bonne heure que l'on épargne à l'agrégat domestique certains désagréments, certains dédains, voire des « hontes » ; l'écolier est stimulé au travail régulier en vue du succès « pour faire honneur à ses parents » ; on s'efforce en bien des milieux de développer une sorte de morgue aristocratique en vantant aux enfants les mérites reconnus des ascendants, en parlant du « rang social occupé », de la classe sociale dont on fait partie. Le plaisir, parfois le bonheur des individus, n'est même pas mis en balance avec le « devoir » d'assurer à la famille honorabilité ou honneurs, avantages, dignité, etc. Comment l'individu ne se révolterait-il pas fréquemment, plus ou moins consciemment, contre ces exigences de la communauté? Comment chez les êtres les plus portés à l'égoïsme ou simplement à l'indépendance personnelle, le lien familial ne deviendrait-il pas sinon odieux du moins pénible, en raison du grand empire exercé par l'agrégat domestique sur ses éléments? Quand un pouvoir veut durer il ne lui faut pas être trop exigeant.

Les sentiments religieux viennent d'ailleurs combattre avec une particulière violence le sentiment familial. Dans les milieux catholiques surtout, où règne la pratique de la confession auriculaire et où les directeurs de conscience se substituent si complètement parfois aux parents ou aux maris, l'institution familiale est en fait nettement battue en brèche (par ceux-là même qui au point de vue politique préconisent la résistance de la famille conçue d'après le type monarchique ou patriarcal, aux interventions de l'État).

Autant le sentiment religieux ou mysticisme primitif, fondamental, est social par origine et par destination, autant le sentiment développé par les religions modernes est individualiste et tend à opposer l'égoïsme à la vie sociale normale. Le « croyant » qui ne vise qu'au salut de son âme ne peut considérer la famille, la cité, la nation, l'humanité civilisée que comme des obstacles à la réalisation de ce salut purement individuel. L'éloignement de la vie familiale, la vie au couvent ou au monastère, l'entière soumission aux volontés du père céleste ou de l'époux mystique par opposition aux désirs des parents et du mari, le célibat et l'abandon complet de la vie de famille, voilà les seules conséquences logiques du spiritualisme aboutissant au mysticisme.

Tous les sauvages, tous les anciens peuples civilisés ont eu une répulsion marquée pour le célibat. Ceux qu'on appelle les anciens Aryens ont considéré, comme le remarquent Fustel de Coulanges et bien d'autres, le célibat comme une marque d'impiété ; les Hébreux, les

Musulmans ont adopté la même opinion. Les Chinois
estiment le mariage tellement indispensable à la moralité que même les morts sont mariés (en tant qu'esprits)
lorsqu'ils parviennent à l'âge convenable[1].

Les Hindous de nos jours pensent comme leurs ancêtres que celui qui meurt célibataire reste impur à
jamais comme ne s'étant pas acquitté d'une des principales dettes sociales. Les anciens Grecs et Romains ont
stigmatisé le célibat, et Cicéron a même proposé une
taxe sur les célibataires. (De leg. III, 3.) Cependant de
très bonne heure les prêtres et les prêtresses ont été
considérés comme devant faire exception à la règle,
afin sans doute de ne pas porter atteinte à une pureté
incompatible avec les rapports sexuels, mais peut-être
aussi par suite de conceptions mystiques qui faisaient
réserver les serviteurs immédiats des divinités à de
plus hautes fonctions que la vulgaire reproduction : la
prostitution sacrée pourrait en témoigner.

C'est donc bien le spiritualisme individualiste, héritier du mysticisme des Esséniens (qui au dire de Josèphe
estimaient la continence comme la marque la plus nette
du triomphe de la vertu sur l'esprit du mal), qui a
déterminé la doctrine de saint Paul, devenue celle des
chrétiens. L'exaltation quasi-morbide du « parfum de
la virginité », des mérites exceptionnels de l'abstinence,
correspond à une sorte de pudeur déformée peut-être
par le pessimisme, source de l'ascétisme. La phobie des
rapports sexuels se manifeste chez les imaginatifs exaltés assez fréquemment pour que l'on puisse redouter une
contagion limitée sans doute, mais très sensible dans
certains milieux contemporains, de l'aboulie délirante,

1. Cf. Giles, Groot, Westermarck *op. cit.*, II, p. 400.

sous la forme de l'horreur du mariage et de l'aversion pour la vie de famille. Bien des jeunes filles, un moins grand nombre de jeunes gens, se laissent aller à l'enthousiasme pour la « pureté » des chastes, magnifiée par des chants liturgiques et par des poètes ou des orateurs « sacrés ». Dans les couvents, il est peu de jeunes filles qui n'aient été sujettes à la tentation de se vouer au mariage mystique. Elles gardent fréquemment l'empreinte d'une exaltation religieuse qui n'est pas entièrement factice, et qui risque de les éloigner tôt ou tard de la pleine acceptation des mœurs conjugales et familiales.

L'exemple donné par les prêtres catholiques et par les religieuses appelle l'imitation ; les prédications, les exhortations du confesseur et du directeur de conscience, qui ne craignent pas de poser des questions indiscrètes aux femmes mariées et même aux jeunes filles et aux jeunes gens sans expérience sexuelle, constituent un danger permanent pour le développement normal du sentiment familial. L'autorité morale du père et de l'époux disparaissant derrière celle de l'homme qui s'attribue un caractère sacré, la solidarité parfaite de l'agrégat domestique est gravement compromise, ainsi que la confiance réciproque de tous ses membres.

Opposé en apparence au sentiment mystique, le désir d'indépendance complète, la phobie de toute domination et de tout lien qui caractérisent l'anarchiste, le vagabond, l'indiscipliné, dérive lui aussi de l'individualisme rendu pathologique par l'absence de contre-poids affectif. Sans doute, il est des libidineux qui restent dans le célibat parce qu'ils y trouvent toute liberté de satisfaire leurs caprices : ils entrent dans la catégorie des gens qui fuient l'amour conjugal par érotisme. Mais ceux à qui la contrainte sociale, la règle imposée ou acceptée, causent une impression pénible sont assez nombreux pour qu'on voie dans la répulsion exagérée qu'ils ont pour tout esprit de famille la manifestation outrée d'un sentiment devenu profondément humain. Ce qui paraît insupportable à certains hommes, dans le mariage et dans la vie conjugale, ce n'est pas tant la monotonie, l'extinction progressive des ardeurs amoureuses, que les « chaînes », les entraves à une liberté trop avidement convoitée. Nous sommes tous à la fois pénétrés d'automatisme, esclaves d'habitudes, et instables, désireux de changement, curieux d'impressions nouvelles, — tous à des degrés bien différents d'ailleurs. L'instabilité signalée plus haut de la « libido » capricieuse n'est qu'une manifestation de notre propension à trouver pénible tout ce qui nous est imposé, alors même que nous l'eussions fait volontiers en dehors de toute contrainte. On a vu des individualistes conséquents avec eux-mêmes adopter l'union libre uniquement pour n'avoir pas à se reprocher une servitude volontaire. Il y a dans la vie familiale une pression trop constante exercée sur chacun pour que le levain de révolte contre la contrainte brutale ou insidieuse ne produise pas à certains moments des fermentations malsaines : adolescents qui réagissent violemment contre toute tentative d'admonestation paternelle, maris surexcités rien qu'à l'idée de rendre compte à leur femme de démarches les intéressant seuls, femmes nerveuses à la pensée d'un contrôle marital, heurts sans autre raison que l'impatience du joug, intolérance pour toute immixtion d'autrui dans le domaine de la vie intime, que de causes de malentendus, de désunion, d'hostilité, à rattacher à notre fonds d'anarchisme !

L'orgueil ou la vanité aide puissamment à cette révolte de l'individu contre la contrainte sociale réduite à la contrainte familiale. Les vieux époux deviennent fréquemment autoritaires et incapables de supporter l'un de l'autre ce que chacun voudrait imposer. Les adolescents ont hâte d'affirmer leur personnalité, et les jeunes filles de vingt à vingt-cinq ans ou au delà qui restent dans leur famille sont fréquemment en conflit avec leur mère, simplement par intolérance réciproque ou par crainte d'empiètements. En exagérant son indépendance, chacun est amené bien vite à opposer à la solidarité conjugale ou familiale des liens extérieurs haïs par ceux qui n'en peuvent pas apprécier les avantages ou les charmes. Quand les jeunes gens quittent fréquemment la maison pour fréquenter des camarades, pour entrer dans des associations diverses ; lorsque le mari ou la femme s'adonnent à des recherches scientifiques ou à des entreprises industrielles ou à des travaux artistiques ou à l'agitation politique, religieuse, etc., l'incompréhension des autres augmente le malaise ressenti par celui qui vit ainsi au dehors et qui ne croit plus pouvoir consentir à ce qui lui paraîtrait une capitulation devant des exigences injustifiées. Plus on s'affranchit des liens familiaux, plus on tend à s'en affranchir en affirmant son « droit » à l'expansion personnelle.

Le *sentiment familial* n'est point cependant en radicale opposition avec la vie individuelle très active, très variée et nuancée : il peut ne point manquer de souplesse et subir à son profit d'incessantes transformations en harmonie avec les conditions sociales les plus instables. Tout dépend de la vitalité des êtres qui l'éprouvent.

S'il reste figé dans les formes traditionnelles : fidélité conjugale, obéissance et respect des enfants pour les parents, soumission à l'autorité du chef de famille, assistance mutuelle imposée plutôt que consentie, il n'a aucune vigueur pour résister aux attaques de tant d'adversaires intimes et extérieurs. Quel qu'il soit, un sentiment ne s'impose pas et ne se trouve pas tout fait ou préformé, destiné à rester immuable dans une conscience vouée à d'incessantes fluctuations. A chaque âge, à chaque situation, à chaque personnalité correspond une façon de sentir la solidarité familiale et d'éprouver des appétitions ou aversions susceptibles de la maintenir ou de la ruiner.

Pour les enfants, l'esprit de famille réside essentiellement dans le désir de continuer à éprouver la joie tranquille de la vie au foyer, de la quiétude matérielle et morale, de la tutelle bienveillante, indulgente à l'occasion, ferme et prévoyante, — dans l'aptitude croissante à la reconnaissance se manifestant par un besoin de contribuer le plus largement possible à la satisfaction des parents, — dans la participation croissante aux préoccupations et espérances de tous les membres de l'agrégat domestique, afin que la fusion des *intérêts* de toutes sortes se fasse peu à peu dans la personnalité en voie de formation.

Pour les adolescents, l'esprit de famille consiste en un sentiment affectueux plus compréhensif, plus largement motivé que celui des enfants et capable de résister aux petits froissements d'amour-propre ou aux conflits passagers avec l'autorité paternelle, — en un ferme propos d'accepter dans l'intérêt commun une discipline parfois pénible et dans un esprit de sacrifice développé par une générosité croissante.

Chez les époux, le sentiment familial implique le maintien de l'harmonie conjugale au prix de bien des concessions mutuelles et d'une recherche intelligente des moyens d'adaptation réciproque ou commune aux fins plus larges de la vie domestique, de l'éducation des enfants, de l'expansion des forces sociales les plus estimables. Quant aux parents en qui l'amour conjugal a fait place à une amitié et une confiance nées de la coopération habituelle à l'œuvre domestique dans toute son ampleur, le sentiment familial comporte un dévouement complet à la grande cause de l'avenir des enfants et petits enfants.

Ainsi d'âge en âge, chaque tempérament peut se manifester à sa façon dans l'évolution continue d'un état affectif très complexe, mais que l'habitude rapproche chaque jour davantage de l'instinct, lui permettant de subir les plus rudes assauts sans en être profondément ébranlé, du moins chez les êtres qui se sont prémunis contre les illusions, les surprises, les déceptions, les caprices et les entraînements, les mouvements de colère, de vanité froissée, d'orgueil, d'égoïsme, de mysticisme, d'individualisme excessif. Chaque nature individuelle favorise ou contrarie la formation et le développement de cet esprit de famille qui est aux formes sociales traditionnelles ou légales comme le fruit charnu est au noyau solide. Cependant, sans l'évolution sociale qui a amené la différenciation des agrégats humains, la question de la dissolution et du maintien du lien familial ne se poserait pas, parce que la famille n'est pas un produit artificiel de volontés individuelles intentionnellement groupées. La contrainte sociale, les mœurs, les coutumes, les traditions, les lois et institutions, les événements contingents de l'évolution des peuples font de la conscience individuelle un produit en même temps qu'un facteur de la conscience collective. On a, malgré tout, le sentiment familial en partie imposé ou permis par son temps et par son milieu. Il faut donc voir maintenant en détail comment la dissolution sociale affaiblit en chacun de nous l'esprit de famille.

DEUXIÈME PARTIE

CHAPITRE PREMIER

NATURE DU LIEN FAMILIAL

La parenté dite « totémique » — quelles que soient
les réserves que nous ayons été amené à faire sur l'universalité, l'uniformité, la constance, la portée de l'organisation socio-religieuse qui a donné naissance à la
théorie appelée *totémisme* — nous a paru être sinon le
tout premier, du moins l'un des premiers *liens* sociaux.
La sociologie contemporaine semble donc confirmer les
vues de Fustel de Coulanges sur la nature foncièrement *mystique* du lien familial primitif. « Ce qui unit
les membres de la famille antique, c'est quelque chose
de plus puissant que la naissance, que le sentiment,
que la force physique, c'est la religion du foyer et des
ancêtres[1]. »

Sans doute, la contrainte sociale résultant de la solidarité même la plus animale, la plus « grégaire », joue
un rôle assignable dans le maintien de la solidarité
domestique la plus élémentaire : elle ne l'entraîne point.
La nature biologique, la nature psychologique de
l'homme en général, expliquent, à partir de l'instinct

1. *La cité antique*, livre II, ch. 1er.

de reproduction [qui enveloppe, comme on l'a vu plus haut, l'instinct maternel et paternel], la constitution de couples dont l'union peut être plus ou moins durable; mais pour qu'une institution sociale apparaisse et se développe au cours de toutes sortes de civilisations, il paraît indispensable qu'un *lien* supérieur aux attachements personnels soit au moins vaguement imaginé et fortement senti. Il faut que des êtres humains, attirés l'un vers l'autre et en commun vers leur progéniture, croient ne pas pouvoir se détacher l'un de l'autre et de leurs petits, à leur gré, pour subir d'autres entraînements : il faut qu'ils aient *peur d'une sanction* redoutable dans le cas où ils commettraient ce qui doit leur apparaître comme une *faute* ou un crime. Comme l'a bien vu Frazer, la superstition doit « étayer » l'institution naissante. Ce qui deviendra la famille telle que nous la connaissons dans la période historique et dans les périodes plus récentes, doit prendre son essor au sein d'une conscience mystique, plutôt collective qu'individuelle.

Pour passer du lien totémique, qui unit solidement tous les individus du même clan, au lien familial, qui n'existe qu'entre individus du même habitat distinct, il nous a fallu évoquer l'*exogamie*, l'interdiction de tout rapport sexuel entre porteurs du même nom, du même symbole, du même « esprit », et en même temps l'*endogamie* ou obligation de s'unir à une personne d'un autre clan dans la même tribu. L'instinct sexuel a donc été de bonne heure réprimé en partie par des prohibitions religieuses; ses élans ont été en quelque sorte canalisés en même temps que légitimés par l'obligation de perpétuer l' « esprit » collectif. On n'a peut-être pas

assez insisté, en sociologie sur ce. côté positif du
« totémisme », car ce qui nous frappe le plus ce sont
les interdictions superstitieuses, c'est « l'horreur de
l'inceste » qui accuse le respect de la parenté religieuse,
qui unit non seulement des consanguins, mais tous les
êtres, voire des plantes et des animaux vivant dans le
même milieu physique. Ce n'est pas cependant avec des
prohibitions superstitieuses que l'on crée un lien : c'est
en déterminant fortement, irrésistiblement, la croyance
en la « vertu » magique de certains rites, de certaines
prescriptions rigoureusement observées.

D'après ce que nous savons des rites funéraires dans
les tribus considérées comme les plus semblables aux
agrégats humains primitifs, des croyances générales
relatives à la réincarnation des morts et à la procréation des enfants[1], nous inclinerions à penser que l'attention des hommes s'est d'abord portée sur le lien
mystique qui rattache les nouveau-nés aux ancêtres
disparus et rentrés en quelque sorte dans le sein du
milieu-dieu pour en sortir de nouveau au moment propice. Le lien familial serait d'abord dans cette hypothèse celui qui s'établit entre les générations disparues
et les générations nouvelles, — les parents, la mère en
particulier, ne servant que d'intermédiaire entre le
passé révéré et l'avenir objet d'espérances confuses.
L'enfant existe (nous dirions « en puissance » si ce
n'était attribuer à des intelligences naissantes une conception dont elles sont incapables) avant d'apparaître
sous la forme du nouveau-né : il ne peut pas être sans

---

1. Cf. Spencer et Gillen, cités notamment par Westermarck et par
Lévy-Bruhl : *Les ·fonctions mentales dans les sociétés inférieures*,
p. 398 sqq. (Alcan).

avoir été, pas plus que le défunt ne peut cesser d'être :
entre la mort et la naissance il y a une période d'invi-
sibilité un peu inquiétante et qui suscite le frisson que
donne tout ce qui est mystérieux ; le mort était tabou,
l'enfant sera sacré ; quand il sera définitivement initié,
il jouira de la plénitude de la parenté totémique ; malheur à lui d'ailleurs s'il ne présente pas les caractères
requis pour l'admission définitive : il sera impitoyable-
ment mis à mort comme n'appartenant pas au clan.
(Les Gallinomero n'appellent pas l'enfant un *parent*
avant qu'il n'ait été décidé si sa vie sera épargnée.)
Mais si le nouveau-né est en quelque sorte adopté, il
est reconnu d'un clan déterminé, celui de son père ou
de sa mère, et il est considéré comme un ancêtre renais-
sant porteur du même totem, du même « principe »
sacré.

La parenté des aïeux et des enfants étant ainsi établie,
celle des procréateurs s'ensuit. Ce n'est donc pas parce
qu'ils les ont engendrés qu'ils doivent leur rester attachés et rester attachés l'un à l'autre : c'est parce qu'ils
ont été les instruments de l' « esprit révéré ». Le lien
est bien mystique et tel qu'il ne peut en rien être
affecté par les circonstances naturelles. Quand la mère
est considérée comme déterminant le totem de l'enfant,
peu importe le père ; quand c'est le père, l'origine de la
mère peut n'avoir pas d'importance ; mais généralement
le père et la mère doivent sans avoir le même totem
(cas d'inceste) être de la même tribu afin que les totems
ne soient pas ennemis ou étrangers l'un à l'autre (règle
de l'endogamie).

Le rôle secondaire joué par les procréateurs naturels,
selon cette conception de la réviviscence, explique le

peu de renseignements que nous avons sur le rite correspondant à ce que nous appelons le mariage : il est
peu vraisemblable que les agrégats primitifs aient
cherché à réglementer les unions sexuelles autrement
que par des prohibitions d'ailleurs de plus en plus
nombreuses. Le *lien conjugal* qui pour nous, civilisés,
fait partie intégrante du lien familial paraît avoir été
longtemps assez mal défini, sinon inexistant. On signale
même des prohibitions qui favorisent plutôt la prompte
rupture de l'union conjugale : par exemple l'interdiction faite aux maris, chez les Abipones, d'avoir des
relations sexuelles avec leurs femmes pendant une
période de trois ans après la naissance de l'enfant,
période requise pour l'allaitement. « C'est pourquoi,
dit Dobrizhoffer, les femmes tuent leurs enfants
avant la naissance par crainte d'être répudiées », les
maris prenant généralement une autre femme pendant ce long délai.

Cependant on peut supposer que les parents d'une
femme exercent une forte pression sur l'homme qui a
choisi ouvertement une compagne, surtout quand il en
a eu un enfant : si l'union s'est faite par simple accord
secret, la contrainte sociale paraît devoir s'exercer en
faveur de son maintien. Il est plus vraisemblable que
la coutume de réunir des assemblées devant lesquelles
les unions se concluent ou s'avouent ou s'affirment a
dû exister de bonne heure dans les tribus les plus sauvages. Ainsi la sanction sociale ne fait pas complètement
défaut avant la période plus proche de nous où une
sorte de contrat avec les parents précède l'entrée dans
la vie conjugale. De plus si le lien conjugal ainsi noué
n'est pas en lui-même religieux, il le devient par sa

fin qui est avant tout le maintien du principe mystérieux de la vie sociale.

Cette fin reste celle de toutes les institutions familiales et domine toutes les législations antiques concernant le mariage. Tant que les règles de l'endogamie
sont fidèlement observées, celui des époux qui pénètre
dans l'agrégat domestique n'a pas à être initié au culte
commun : il lui suffit d'observer les rites de la tribu.
Mais quand les unions entre membres de tribus plus ou
moins éloignées deviennent nécessaires ou permises,
il lui faut se soumettre à une nouvelle initiation afin
de faire partie de la communauté religieuse qui l'admet.
Telle est l'origine de cérémonies ou de pratiques qui
se sont perpétuées jusqu'à nos jours puisqu'actuellement encore pour être admis dans certaines familles il
faut que le fidèle d'une autre religion renonce à sa foi
et se convertisse à celle du milieu familial qui le
reçoit. L'évolution de ces mœurs matrimoniales s'est
faite cependant par un intermédiaire de la plus haute
importance : dans les civilisations anciennes où s'est
constituée et développée la religion domestique, le culte
des dieux du foyer, ou celui des ancêtres protecteurs
de la demeure, a exigé des cérémonies multiples, les
unes expiatoires destinées à apaiser la colère des êtres
surnaturels abandonnés, les autres propitiatoires destinées à se concilier les faveurs des puissances au service
desquelles l'époux ou l'épouse était appelée à entrer.
Les Romains qui avaient le souci exagéré des formalités
juridiques, même dans leurs rapports avec les divinités,
ont poussé plus loin qu'aucun peuple le soin des précautions à prendre pour qu'aucune puissance protectrice du foyer ne se trouve offensée dans ce passage

rituel d'un culte à un autre qui constituait la cérémonie essentielle du mariage chez les patriciens. Mais l'idée maîtresse est bien la même partout où, chez les Chinois, les Hindous, les Égyptiens comme chez les Grecs et les Romains, le lien familial servait à rattacher les générations futures à des dieux domestiques ou à des ancêtres jouant le même rôle : le foyer est un lieu sacré ; nul n'y est admis sans cérémonie afin qu'une communion religieuse serve de support à une solidarité qu'on ne saurait rompre sans sacrilège.

En dehors de ce souci du foyer domestique et de la religion qui s'y rattache, les peuples civilisés de l'antiquité ont eu généralement celui de placer les unions nouvelles sous la protection des plus hautes puissances surnaturelles : des prières et des sacrifices aux Dieux ont presque toujours accompagné les réjouissances auxquelles ont donné lieu les mariages : ce qui contribuait encore à faire de la formalité matrimoniale un évènement marquant dans la vie publique et privée et à en relever le prestige afin que le lien établi soit plus solide.

Le lien conjugal est en définitive chez les Grecs et les Romains un lien d'adoption solennelle. D'où la formule ; « Uxor socia humanae rei atque divinae » (Digeste, XXIII, 2) et cette définition que les jurisconsultes ont transmise : « Nuptiae sunt divini juris et humani communicatio ». Le mariage fait à l'épouse « une seconde naissance. Elle est dorénavant comme la fille de son mari, *filiae loco* »[1]. Grâce à la parenté par adoption l'ancien principe de l'endogamie, de la parenté religieuse base de toute solidarité sociale, reste sauf.

---

1. Fustel de Coulanges, *La cité antique*, p. 47.

« Le fils né d'une femme qui n'avait pas été associée au culte de l'époux par la cérémonie du mariage ne pouvait pas lui-même avoir part au culte. Il n'avait pas le droit d'offrir le repas funèbre et la famille ne se perpétuait pas par lui. Il n'avait pas droit à l'héritage. » Or il fallait à tout prix que le culte continuât : la très lointaine conception des morts aspirant à revivre, de la vie disparue tendant irrésistiblement à se renouveler, hantait encore les esprits aux temps de Platon et de Cicéron. Le mariage était obligatoire ; une descendance était indispensable, et sous le régime patriarcal une descendance mâle seule pouvait donner satisfaction aux exigences religieuses et juridiques. « La naissance de la fille ne remplissait pas l'objet du mariage, dit Fustel de Coulanges. En effet la fille ne pouvait pas continuer le culte, par la raison que le jour où elle se mariait, elle renonçait à la famille et au culte de son père, et appartenait à la famille et à la religion de son mari. La famille ne se continuait comme le culte que par les mâles. » C'est pourquoi le lien conjugal pouvait être dissous lorsque le but du mariage n'était pas atteint, car aucun « bâtard » (nothos, spurius) ne pouvait tenir la place du fils légitime : ce qui montre bien que « le lien du sang ne constituait pas à lui seul la famille, et qu'il fallait encore le lien du culte », c'est-à-dire en définitive celui d'une descendance *sûrement* exempte de toute tare.

Mais ici apparaît une des conséquences de la tendance des peuples à amalgamer les survivances du passé et les exigences du présent. On a vu que le lien religieux, primitivement totémique, suffit à créer une parenté qui n'a pas du tout la même étendue que la parenté naturelle, mais qui peut servir de base à la solidarité domestique en même temps qu'à la solidarité tribale : l'initiation de l'adolescent achève de consacrer cette parenté religieuse par une *adoption* définitive. La cérémonie religieuse de l'adoption est devenue l'essentiel au point de vue de collectivités qui non seulement ne concevaient pas très nettement la filiation naturelle et restaient pénétrées de respect superstitieux devant le mystère de la procréation, mais encore faisaient naturellement passer les intérêts collectifs avant les droits individuels qu'aurait pu conférer la parenté naturelle. Ainsi dans la plupart des peuples de l'antiquité, à commencer par les Hindous aux temps les plus reculés que nous connaissions, la cérémonie religieuse de l'adoption a pu tenir lieu d'introduction dans le culte du foyer, tout comme s'il y avait eu procréation normale.

Donc pour remédier à l'absence de descendant mâle par la voie du mariage (avec adoption de l'épouse par le chef de famille) les anciens n'avaient rien trouvé de mieux que d'accomplir une double formalité : détacher de sa religion domestique un étranger à la famille et le rattacher à un nouveau culte en lui communiquant les secrets, les rites et les formules de sa nouvelle religion. Nous serions tentés de voir dans cette confiance excessive en un pouvoir magique des cérémonies religieuses une marque d'indifférence morale, si nous ne savions par ailleurs combien les primitifs et par conséquent les anciens ont cru sincèrement à la *vertu* des mots, des rites, des attitudes et des formules consacrées. Beaucoup de nos contemporains n'y croient-ils pas encore ? — Les Romains avaient transformé l'*apokèruxis* des Grecs en une solennelle « sacrorum detestatio », par laquelle le lien de la naissance était brisé, la parenté naturelle annulée, afin que le nouveau, lien créé par une autre cérémonie (transitio : « in sacra transire ») eût son plein effet. L'adopté répudiait en quelque sorte ses propres ancêtres qui en retour l'abandonnaient complètement : « l'homme devenait si complètement étranger à son ancienne famille que s'il venait à mourir son père naturel n'avait pas le droit de se charger de ses funérailles et de conduire son convoi. Le fils adopté ne pouvait plus rentrer dans son ancienne famille ; tout au plus la loi le lui permettait-elle si ayant un fils il le laissait à sa place dans la famille adoptante » (F. de Coulanges, p. 57). Mais alors c'était le fils qui n'avait plus de père. Ainsi le veulent les lois de Manou et la législation ancienne des Grecs et des Romains.

Avec le temps, la vertu magique des formules et des cérémonies même les plus anciennes, les mieux ancrées par la force des habitudes populaires et d'une tradition dont on ne peut voir l'origine, s'atténue en présence de nouvelles réalités sociales. Peu à peu la parenté naturelle parut beaucoup plus intéressante qu'une parenté religieuse qui comportait le ver rongeur de l'adoption.

D'autre part, l'*agnation* était une parenté particulièrement aristocratique superposée à la parenté domestique : elle se reconnaissait à ce qu'on faisait l'offrande à un même ancêtre éloigné en suivant toujours et exclusivement la lignée paternelle, par filiation naturelle ou par adoption [1].

---

1. F. de Coulanges. *op. cit.*, p. 59 : « De même que la religion ne se transmettait que de mâle en mâle, de même il est attesté par tous les jurisconsultes anciens que deux hommes ne pouvaient être agnats entre eux que si, en remontant toujours de mâle en mâle, ils se trouvaient avoir des ancêtres communs.. L'agnation n'était autre chose que la

Ce n'est d'ailleurs qu'au temps des Douze Tables que la seule parenté d'agnation était reconnue et servait de base à l'établissement des droits à l'héritage ; la législation romaine était encore alors en parfaite harmonie avec la tradition hindoue et grecque, selon laquelle « la succession passe toujours aux mâles et aux descendants des mâles ». Mais depuis, les survivances du régime patriarcal n'ont pas cessé de perdre de leur vigueur et de leur influence sur la législation familiale à Rome. Lorsque commence la période vraiment historique, la parenté religieuse est déjà menacée par la parenté naturelle : la « cognatio » tend à se substituer à l'agnatio.

Solon avait déjà remplacé à Athènes par des prescriptions plus conformes à la nature celles qu'avait formulées la législation draconienne, essentiellement arisstocratique et d'inspiration patriarcale : s'il n'avait pas mis la parenté par les femmes sur un pied d'égalité avec l'agnation, du moins il l'avait implicitement reconnue. Il en fut de même à Rome lors de l'établissement de la Loi des Douze Tables, que les législateurs ultérieurs

parenté telle que la religion l'avait établie à l'origine ». Il eût fallu peut-être dire la parenté sous le régime patriarcal. Fustel de Coulanges a donné un exemple de ce que pouvait signifier l'agnation : Tiberius Gracchus, d'après nos conceptions modernes, serait le plus proche parent de Scipion Emilien, tous deux étant issus de Cornelius Scipio l'un par P. Cornelius, l'autre par Cornelia, épouse de Sempronius Gracchus. Mais au point de vue du droit romain « il n'est même pas son parent. Peu importe, en effet, pour Tiberius qu'il soit fils de Cornélie, la fille des Scipions ; ni lui, ni Cornélie elle-même, n'appartiennent à cette famille par la religion. Il n'a pas d'autres ancêtres que les Sempronius ; c'est à eux qu'il offre le repas funèbre ; en remontant la série de ses ascendants, il ne rencontrera jamais qu'un Sempronius. Scipion Emilien et Tiberius Gracchus ne sont donc pas agnats ». Mais Scipion Sérapion qui a pour quatrième ancêtre Lucius Cornelius Scipio (qui est aussi le quatrième ancêtre de Scipion Emilien) est agnat de celui-ci. Chez les Hindous on les appellerait *samanodacas*.

accusèrent d'iniquité non parce qu'elle niait complètement la parenté utérine, mais parce qu'elle ne lui faisait pas une assez large place.

L'idée d'une parenté par voie utérine (cognatio) cho-
quait évidemment tous ceux qui étaient restés attachés
aux vieilles croyances selon lesquelles l' « esprit » des
ancêtres ou l' « esprit » protecteur, animateur peut-être,
de la tribu, était en quelque sorte confié par le père à
la mère dans l'acte de la génération en vue d'une réincarnation. Mais les institutions matriarcales avaient fait
supposer au contraire que l' « esprit », le souffle sacré
et impérissable, se transmettait par les femmes. Et à
mesure que la situation morale et économique des
femmes s'améliorait sous toutes sortes d'influences,
peut-être même par suite du rapprochement avec les
peuples septentrionaux [1], les conceptions mystiques
primitives perdant de leur empire, une façon plus
« positive » d'envisager la réalité sociale se faisait jour
nécessairement.

Dans l'Inde, en Grèce et à Rome, la loi avait permis
à l'homme d'être le seul juge de sa femme ; mais les
actes de cruauté injustifiée n'ont pas tardé à limiter
d'abord le pouvoir du mari par celui du pater familias
(chef de l'agrégat domestique), ensuite le pouvoir même
du pater familias. Peu à peu la femme a été initiée au
culte du foyer ; un jour est venu où elle a été l'auxiliaire obligatoire de l'homme dans les sacrifices et dans
toutes les cérémonies de la religion domestique. Chez
les Grecs et les Romains, même les plus anciens que

____

1. Le patriarcat semble avoir toujours été moins rigoureux dans les
peuplades septentrionales que dans les tribus méridionales ; la femme
et les enfants y ont été moins souvent traités en êtres inférieurs.

nous connaissions, c'est un malheur pour l'homme
d'avoir uh foyer privé d'épouse ; c'est une infortune que
de n'avoir pas trouvé la maîtresse de maison digne de
gouverner l'agrégat domestique. Bientôt la femme prend
le titre de *grihapati*, d'*oikodespoina*, de *materfamilias*,
quand elle préside effectivement à toute la vie intérieure. Comment dès lors refuser d'admettre que le lien
familial se perpétue aussi bien par elle que par son
mari ?

D'autre part le fait d'exclure les filles du culte et de
l'héritage de leurs véritables ancêtres allait tellement
à l'encontre du sentiment paternel qu'il n'est pas surprenant qu'à Athènes et à Rome on se soit fréquemment ingénié à tourner les prescriptions de la coutume
ou de la loi : l'adoption permettait d'introduire dans
l'agrégat domestique un « frère » susceptible de devenir un mari en restant héritier. A défaut de fils adoptif
susceptible d'épouser la fille unique, le plus proche
parent du père héritait, mais il devait épouser la fille,
lui fallût-il au préalable répudier, s'il était déjà marié,
sa femme légitime ; la fille elle-même si elle était
mariée à la mort de son père était obligée de quitter
son mari pour épouser le proche parent, héritier chargé
de perpétuer la famille. On conçoit aisément combien
le désordre introduit dans la vie sociale par de telles
exigences devait, peu à peu, amener, d'opposition à
des règles contraires à une raison indépendante. La
solution la plus élégante consistait en une tolérance
consacrée par les Lois de Manou et par l'usage athénien :
le fils de la fille pouvait être considéré comme le fils
du père de la fille, moyennant une clause explicite du
contrat de mariage ; mais la facilité même ne décelait-

elle pas la faiblesse foncière du système ? La succession
« par les mâles et les descendants des mâles » devait
fatalement être remplacée par un mode plus large d'hérédité lié à une conception plus positive du lien familial, à mesure que le rôle des femmes devenait plus
grand dans les sociétés à traditions patriarcales : à
Athènes et surtout à Rome, la maîtresse de maison sut
conquérir une haute situation sociale ; les femmes
furent à partir du temps de Cicéron de plus en plus
puissantes par leurs fortunes personnelles, et le lien
essentiellement religieux perdit vite presque toute
solidité en une société d'ailleurs plutôt adonnée à des
pratiques superstitieuses que dominée par de fortes
croyances mystiques.

Tandis que dans les tribus primitives l'individu ne
compte guère, ce qui permet à la puissance collective
de s'exercer sur les enfants bien plus que l'autorité
paternelle ou maternelle, dans la civilisation gréco-
romaine, la valeur personnelle s'affirme, et les coutumes d'abord la législation ensuite doivent reconnaître une indépendance croissante aux individus, quel
que soit leur sexe. Le *pater familias*, souverain de
l'agrégat domestique, grand-prêtre, justicier, maître
des personnes et des biens, sur les droits duquel l'État
n'ose pas empiéter, correspond à la conception de
dieux domestiques indépendants des dieux nationaux ;
mais le despotisme patriarcal, dont cette institution
romaine est la manifestation, n'a qu'un temps, et nous
voyons bientôt l'autorité du pater familias, d'abord
sans limite au sein de l'agrégat domestique, soumise à
des restrictions de plus en plus nombreuses. L'État
sape de plus en plus les fondements de l'édifice ancien :

seuls les patriciens, les aristocrates, sont fiers d'une longue lignée ancestrale ; les plébéiens, la masse, le peuple, ignorent les ancêtres et le culte du foyer.

Une constitution populaire de la famille s'élabore tandis que l'agrégat domestique romain s'enfle de trop d'affranchis, de clients et d'esclaves : tant d'éléments disparates ne s'intéressent plus au culte du foyer ; les dieux lares sont morts ; il n'y a bientôt plus qu'une association d'intérêts que les calculs intéressés ne tarderont pas à dissoudre. Au mariage religieux des patriciens, les plébéiens opposent la coemptio et l'usus qui confèrent à l'homme la puissance maritale et paternelle sans qu'il soit besoin d'invoquer le droit ancestral. Or, la puissance maritale s'atténue dans la mesure où la femme n'est plus obligée de perdre tout contact avec sa famille paternelle pour se laisser lier étroitement au foyer de son mari ; et la puissance paternelle s'adoucit dans la mesure où la femme a plus de puissance et peut intervenir plus librement dans la direction de l'agrégat domestique. Le lien établi entre l'homme et la femme par la coemptio et l'usus peut sans doute être aisément rompu, tandis que la *difarreatio*, rupture d'un lien sacré, due à une sorte de malédiction redoutable, était théoriquement presqu'impossible. Mais le peuple ne s'émeut pas du grand nombre de séparations, de divorces qui attestent l'indépendance des individus. Le concubinat s'est rapproché des « justes noces » ; le contubernium des esclaves se rapproche du concubinat. Le lien familial devient exclusivement juridique et économique. D'ailleurs, le principe de l'indivisibilité du bien de famille est depuis longtemps abandonné : le droit d'aînesse qui en était la conséquence et qui assurait la concentration des enfants autour du foyer ancestral a disparu ; le partage des biens paternels entre les enfants des deux sexes devient la règle commune ; frères et sœurs vont chacun de son côté fonder de nouveaux foyers (*singuli singulas familias incipiunt habere*) : la famille moderne, réduite aux ascendants et descendants directs, remplace les grands agrégats domestiques romains.

Le Christianisme était éminemment défavorable à la reconstitution de la religion domestique : le culte du foyer avait vécu. Pour que le lien familial redevînt un lien religieux, il fallait faire du mariage un sacrement, donner une sanction à l'union conjugale en assurant aux bons époux la bénédiction et en menaçant de peines redoutables dans la vie présente et future quiconque violerait les serments reçus par une autorité ecclésiastique. L'Église, héritière de la civilisation antique, seule force sociale organisée et capable de lutter contre la barbarie, reconnut bien vite la nécessité de rendre indissoluble le mariage béni par elle, afin de restaurer ce qui pouvait subsister de l'antique famille dans une société à bases nouvelles. De nouveau l'autorité religieuse se confondait avec l'autorité morale et presque avec le pouvoir politique : les commandements de l'Église étaient généralement observés avec une véritable piété, et l'autorité maritale ou paternelle bénéficiait largement de l'influence si considérable du clergé. Le lien familial était sans doute moins intimement rattaché à un élan mystique qu'au temps où chacun sentait vraiment l'« esprit collectif » l'animer et l'unir à ses congénères ou à ses ancêtres ; ce lien pouvait paraître à beaucoup sinon artificiel, du moins imposé

du dehors et maintenu par une force extérieure à la
conscience; il y avait souvent plus de conformité, ou,
pour parler le langage des Kantiens, plus de légalité
que de moralité pure, dans la stricte observation des
préceptes de l'Église en matière matrimoniale ou familiale; mais l'exercice de cette autorité externe n'était-
il pas indispensable pour atténuer les néfastes conséquences d'appétits grossiers, de mœurs licencieuses,
dont on peut avoir une idée en considérant ce qu'était
la famille aux temps mérovingiens : le rapt ou l'achat
brutal, sans consentement de la jeune fille, précédait la
tyrannie du mâle, prompt à la répudiation et porté à
la polygamie dès que ses moyens d'existence matérielle la lui permettaient. L'influence des évêques
s'exerça au profit de l'organisation familiale, sans doute
en utilisant la persistance des mœurs germaines et
franques favorables à la dignité de la femme et aux
manifestations d'une étroite solidarité domestique ;
l'homme dut s'habituer à subir de sévères remontrances pour l'adultère qui d'abord n'était puni (et
combien sévèrement) que chez la femme; les époux
durent subordonner l'exécution du contrat et des promesses de fiançailles, qui seules comptaient tout
d'abord, à la bénédiction nuptiale, qui faisait de l'autorité ecclésiastique le témoin et le garant de l'exécution
des promesses et du respect des prescriptions communes. (Cf. Ch. Galy. *La famille à l'époque mérovin-
gienne.*) Grâce à l'exercice du pouvoir spirituel, s'imposant à toutes les classes de la société, on vit la
pratique d'un mode commun d'existence matrimoniale
entrer profondément dans les mœurs. Il n'y eut plus,
comme à Rome, différentes sortes d'union et comme

différents plans juridiques et sociaux de vie conjugale, de puissance maritale et paternelle : le mariage chrétien est le même pour tous, riches ou pauvres, patriciens ou plébéiens, nobles ou serfs.

Cependant les différents modes d'existence économique et politique ne pouvaient manquer d'avoir une influence considérable sur « l'esprit de famille ». Le servage était, comme l'esclavage antique, peu propice à l'essor des humbles communautés paysannes, vivant au jour le jour, sous l'autorité parfois despotique de maîtres généralement peu respectueux des personnes et disposant à leur gré de tous les biens. Au contraire, le régime féodal était très favorable au maintien des traditions domestiques dans les familles puissantes, qui purent restaurer en majeure partie l'ancien droit d'origine patriarcale : les familles nobles conservèrent intact le patrimoine transmissible de mâle en mâle, avec droit d'aînesse ; le nom, les titres, les armoiries, jouèrent un rôle analogue à celui des insignes totémiques ; le respect des ancêtres, la commémoration de leurs hauts faits, la prétention de ne point dégénérer et de ne jamais subir un affront dont les aïeux eussent rougi, témoignèrent d'une solidarité des générations successives presque aussi puissante que celle qui avait eu pour base tangible le culte domestique. L'autorité du chef de la famille féodale fut elle aussi analogue à celle du « pater familias » ; elle ne pouvait que croître avec la solidarité dans le temps et l'espace des générations rattachées par leurs aînés à une lignée principale, et aussi avec l'isolement relatif des agrégats domestiques, enfermés chacun dans le domaine où s'exerçait sans conteste des droits souverains. Mais il y a plus encore : le régime féodal reconstitua les anciennes collectivités romaines qui groupaient autour du chef patricien tous les agnats, et les affranchis, et les clients, et les esclaves. « La collectivité féodale, dit W. Pareto, avait un noyau de famille auquel s'ajoutaient des éléments étrangers » : ce sont les vassaux, leurs fils, les alliés et leurs descendants. « Les parents, groupés autour de leur chef, forment le noyau d'un compagnonnage bien plus étendu, dont l'importance ne me semble pas, dit Flach, avoir été mise en suffisant relief par les historiens : la *maisnie*, la maison du seigneur, son corps d'élite, le centre de résistance de son armée, son meilleur conseil, son entourage de chaque jour. » (*Origines de l'ancienne France*, t. II.) La cérémonie de l'adoption a été remplacée par celle de l'hommage et de l'affiliation : le fidèle entre dans le corps familial pour y jouir des droits et se soumettre aux obligations qu'une telle admission comporte. L'af-filiation « s'opère par l'acte le plus grave, le plus solennel, que connussent les hommes dans les sociétés naissantes, par un serment religieux. Au temps du paganisme, l'affilié devenait participant du culte domestique; il se livrait, il se *dévouait* corps et âme à une famille nouvelle et s'il manquait à la foi il attirait sur sa tête la vengeance des dieux. A l'époque chrétienne, le serment par lequel le vassal engage sa personne est le plus redoutable; il fait des martyrs de ceux qui sacrifient leur vie pour y rester fidèles, des maudits de ceux qui le violent » (Flach).

Ainsi non seulement la famille féodale s'étend comme la famille romaine au delà des limites de la parenté naturelle, mais encore elle prend ce développe-

ment fort important grâce à une sorte de retour à la
parenté spirituelle ou religieuse, et surtout elle puise
dans son extension une puissance qui se concentre
dans les mains du chef de famille pour lui permettre
d'exercer une autorité patriarcale plus grande encore
que dans tout le passé. Le lien familial est dès lors le
souci commun de l'honneur, de la puissance collective, de son maintien et de son développement sous
une direction unique, conforme aux traditions des
aïeux, de la « maison ». Ce lien est sanctionné par des
cérémonies religieuses et par la superposition de liens
religieux, tels que celui du serment ; mais on ne peut
pas dire qu'il soit religieux, essentiellement, foncièrement, comme l'était celui des premiers agrégats domestiques ; dont la survivance nous a paru si manifeste
dans l'Inde, en Grèce et à Rome. L'antique solidarité
domestique avait créé les dieux du clan et du foyer ; la
nouvelle solidarité ne fait qu'utiliser la religion commune en se gardant bien de lui opposer des cultes privés s'adressant à des divinités particulières.

Tandis que la caste nobiliaire poursuit la réalisation
de ses desseins de grandeur et de hiérarchisation des
familles selon l'importance et l'ancienneté des lignées
ancestrales, la bourgeoisie se forme, et la famille
bourgeoise établit entre ses membres une solidarité
croissante dans le temps et l'espace. Il s'agit d'abord
de conquérir l'indépendance par l'accroissement ou
commun de la richesse et du pouvoir qu'elle confère ;
dans les villes affranchies du joug seigneurial, artisans et commerçants ou petits boutiquiers tendent à
devenir de gros trafiquants ou négociants déjà enrichis
par un labeur qui n'exclut pas l'habileté ; tous ceux qui

sont bourgeois ou aspirent à l'être, trouvent dans leurs épouses et dans leurs enfants de précieux auxiliaires ; des vertus domestiques telles que la frugalité, le soin de l'ordre et de l'économie, l'attachement au foyer, caractérisent la femme de la bourgeoisie ; la fidélité conjugale est généralement garantie par l'amour réciproque ou par un attachement que le temps transforme en accoutumance affective ; le dévoûment des parents à une progéniture qu'ils cherchent à élever à un rang supérieur provoque la reconnaissance et la piété filiale, qui n'a nul besoin de s'inspirer d'un sentiment religieux. Si le bourgeois n'a pas de nobles aïeux, il rappelle fréquemment avec fierté le dévoûment de son père ou de son aïeul à la cause familiale qu'il sert lui-même et qu'il espère voir ses fils et petits-fils servir à leur tour : les laborieux, les entreprenants, les artisans habiles, ont ainsi dans le passé des raisons de ne point déroger et de léguer à leurs enfants des traditions respectables en même temps qu'un bien de famille convenablement accru. L'apprentissage n'éloigne pas beaucoup les jeunes gens[1], la plupart des industries permettent le travail à domicile : le fils succède au père, la fille épouse l'apprenti ou le compagnon ; les plus jeunes reçoivent l'assistance des aînés jusqu'à leur établissement. L'autorité paternelle n'exclut pas la sollicitude maternelle : l'une complète l'autre. Les fêtes patronymiques sont autant d'occasions

---

1. Quand le compagnonnage s'est établi et développé, c'est sur le modèle dû à la sollicitude familiale que se constitue l'aide matérielle et morale donnée par chaque groupement local au compagnon errant : la « mère » l'héberge familialement, la « tournée » est faite comme par un père ou un frère aîné pour lui procurer du travail ; la « conduite » hors de la cité, à son départ, rappelle la famille absente qu'il ira retrouver après son « tour de France ».

de réunir les parents plus ou moins éloignés qui constituent la famille élargie dans laquelle l'entr'aide est
la règle et dont l'honneur est cher à tous. L'aïeul commun, le plus ancien, est l'ojet de la vénération de tous
ses descendants et de leurs alliés : sans qu'il y ait à
exercer un pouvoir analogue à celui du « pater »
romain ou du seigneur féodal chef de maison noble, il
voit ses avis écoutés avec déférence et son autorité
morale est considérable. Quand le père est mort, l'aîné
dont le droit correspond à un devoir d'assistance, exerce
sur ses frères et sur l'ensemble de la famille l'autorité
qui constitue comme le lien toujours senti de tout
l'agrégat.

Tel est le type familial qui se réalise progressivement du moyen âge à la Révolution française, entre le
type nobiliaire et le type entraîné par la condition servile ou paysanne. En général sous l'ancien régime la
vie des paysans, des « vilains », ne diffère guère de
celle des serfs ; la culture des terres est ingrate, faute
de soins intelligents, et les exigences des seigneurs, du
clergé, des agents du pouvoir, sont énormes. La famille
paysanne végète dans l'insécurité. Cependant peu à peu
certains cultivateurs ont acquis, à force de labeur et
d'économie, avec l'aisance une sorte d'indépendance
qui en fait de simples tenanciers admis à des redevances
bien définies (déterminées par des actes en bonne
forme). Chez eux la famille paysanne tend à se rapprocher de la famille bourgeoise des cités : les bourgs, les
villages comptaient au xviiiᵉ siècle un assez grand
nombre de foyers ruraux constitués comme les foyers
urbains. Au même moment la noblesse, appauvrie par
des dépenses inconsidérées, voyait la décadence de ses

institutions familiales : le luxe, la débauche, la vie à la Cour, aux armées ou dans des milieux aux mœurs relâchées ou licencieuses, rendaient les fils oublieux de ce qui avait pu faire l'honneur des ancêtres ; les maris étaient souvent absents et les femmes ne se piquaient guère de fidélité ; des précepteurs s'occupaient des enfants ; les jeunes gens ne quittaient le collège que pour s'éloigner de la demeure paternelle et les filles sortaient du couvent pour se marier... et s'émanciper [1]. C'était donc à la bourgeoisie que revenait la tâche et l'honneur de préserver l'institution familiale d'une nouvelle décadence.

La tourmente révolutionnaire faillit pourtant détruire le lien familial, déjà si fort, dans la majeure partie des foyers constitués dans les plus grandes cités. L'âme plébéienne, que nous avons déjà vue à Rome si profondément hostile à toute évocation d'une lignée ancestrale et d'une forte tradition domestique, se réveilla égalitaire et nettement individualiste ; la citoyenne fit oublier la mère ; les enfants se séparèrent des parents ; l'homogénéité sociale passagère ruina les modes de solidarité jugés trop étroits, à cadres trop restreints tels que la solidarité familiale. Par réaction contre le mariage religieux, indissoluble, le mariage civil fut considéré comme une formalité aisément révocable, et l'on vécut une période de divorces par consentement mutuel ou de répudiations qui fut aussi une période de licence et de dépravation sexuelle.

---

1. L'orgueil et l'esprit de caste n'avaient pas empêché, surtout aux xviie et xviiie siècles, les filles de la plus haute noblesse d'épouser des « fermiers », financiers ou « partisans » grossiers, d'humble origine et de caractère moral douteux. Quel pouvait être l'esprit de famille dans les somptueux hôtels des « traitants » ?

Enfin le Code civil vint donner un statut juridique à la famille, non seulement française, mais occidentale. L'autorité maritale et paternelle était affirmée, selon la vieille tradition cependant déjà affaiblie ; la femme était placée sous la protection autant que sous la domination du mari ; les enfants étaient subordonnés aux parents, mais plus particulièrement au père ; les droits des ascendants à l'assistance de leurs enfants étaient établis comme ceux des enfants aux soins de leurs parents ; mais le père cessait d'avoir une autorité légale sur les enfants majeurs ou émancipés par le mariage. Le droit d'aînesse était définitivement aboli ; mais les frères cessaient d'avoir un droit précis au secours de leurs frères aînés ou plus favorisés. L'héritage continuait à être le bien de famille qui appartient déjà aux enfants alors que le père l'administre ; cependant l'admission d'une « quotité disponible » ouvrait un recours à l'ancien système, en permettant aux parents de procurer à l'un des enfants un avantage marqué. L'esprit individualiste triomphait sur bien des points dans cette sorte de compromis entre la tradition et les mœurs nouvelles.

Les prescriptions du Code civil suffisent-elles à constituer un « lien de famille » ? Il y aurait bien de l'audace à l'admettre après avoir constaté à quelles sources profondes la solidarité familiale, depuis la plus haute antiquité assignable, puise sa vitalité. L'agrégat domestique n'est pas un groupement artificiel dont un législateur peut à sa guise modifier la constitution ; l'évolution familiale est liée à l'évolution naturelle des sociétés et des mœurs ; l'origine du lien familial est dans la nature humaine et la nature de ce lien doit être déterminée non arbitrairement ou d'une façon dialectique, mais par l'observation des faits et par l'induction sociologique, dans un esprit scientifique, en quête de nécessités permanentes.

On a vu la parenté religieuse servir comme de berceau à la parenté naturelle, puis les deux se confondre, enfin la dernière se passer de l'autre. Cette transformation lente est due en grande partie à la substitution de notions positives à des conceptions mystiques, qui a d'ailleurs amené le passage des sociétés essentiellement religieuses aux sociétés civiles, non sans un long conflit entre la tendance théocratique et la tendance étatiste, luttant chacune pour la prépondérance. Mais la religion primitive est comme le germe de la métaphysique, de la philosophie, de la science, de la médecine, de la morale, de la politique, du droit, etc. Toutes les relations sociales ont eu d'abord pour fondement des liens mystiques, qui peu à peu ont presque tous perdu ce caractère des premiers temps. Au moment où nous pouvons étudier en détail le culte du foyer et des divinités domestiques en Grèce et à Rome, nous ne saisissons plus que des « survivances » de très anciennes coutumes ou prescriptions : le propre des survivances est de prolonger pendant de longs siècles l'effet de croyances qui ont déjà elles-mêmes disparu ou qui ont perdu leur portée primitive. Bien des Romains du temps de Cicéron ne croyaient plus aux divinités particulières auxquelles ils ne cessaient pas pourtant d'offrir des sacrifices ; leur culte intime des ancêtres se rapprochait certainement beaucoup plus de la fierté du seigneur féodal à la pensée de ses glorieux aïeux que de la piété inspirée par une apothéose. La persistance de la forme religieuse ne saurait donc faire illusion : insensiblement les liens qui unissaient les membres de l'ancienne famille étaient devenus *moraux*, c'est-à-dire d'un ordre sentimental particulier dans lequel prédomine le respect d'obligations presque dignes d'être appelées « sacrées ». On conçoit combien aisé fut le passage du lien religieux au lien moral, du moment où l'un et l'autre présentent ce caractère commun d'imposer le respect du sacré ou du « quasi-sacré ». Le civilisé qui ne se sent plus dominé par l'Esprit protecteur de sa race ou de sa gens ou de son foyer, se sent encore sous la dépendance d'une « force » extérieure, qu'il l'appelle Nature ou Raison ou Loi ; il subit dès le jeune âge la contrainte sociale ; puis sa conscience lui fait connaître une contrainte intérieure qui s'accorde foncièrement avec ce que l'extérieure a de plus constant ; par l'éducation, par la tradition, par les coutumes auxquelles il ne peut refuser son adhésion, il se trouve gouverné par le passé, et plus particulièrement par le passé du père, de l'aïeul, de tous ces anciens dont le prestige s'établit dès la première enfance en tout être qui a le bonheur de voir le jour au sein d'un agrégat familial normalement constitué. Ses parents se révèlent comme des « animateurs » et la filiation spirituelle s'établit alors même que l'autre reste obscure. Voilà donc le premier fondement du lien de famille : la parenté spirituelle, qu'elle prenne ou non un caractère religieux. Elle entraîne toujours le respect pour une force sociale et morale à laquelle tout nouveau venu dans la collectivité humaine est subordonné en fait et ne peut manquer de l'être en droit. Plus cette parenté spirituelle remonte haut dans le

passé et s'affirme digne d'estime, source de légitime
fierté, plus le respect des descendants les soumet étroitement à la force du passé et les subordonne à la tradition domestique ; mais l'affection, la sollicitude
éclairée, la haute valeur de l'aïeul ou du père peuvent
faire autant que l'évocation d'une longue suite d'ancêtres : la piété filiale, faite d'affection, de reconnaissance, d'amour et d'espoir, de confiance et d'entier
abandon à l'influence paternelle ou maternelle, n'a
pas besoin de remonter au delà de l' « animateur »
immédiat qui concrétise en lui la force morale éminemment respectable, l'autorité du passé et du présent.

Mais un second fondement est indispensable : la vie
individuelle et sociale est orientée vers l'avenir. L'élan
vital déterminé dans le passé tend vers un futur en
partie contingent. Ce n'est pas sans raison que toutes
les traditions et législations concernant la famille
s'accordent à considérer sa fin comme sa principale
cause d'existence : la finalité « organique » ou mieux
« hyperorganique » est ici manifeste ; « vis a tergo »
comme le dit M. Bergson, l'élan pour perpétuer l'existence de l'agrégat constitué peut devenir nettement
conscient et déterminer la recherche des moyens les
mieux appropriés à la satisfaction du besoin d'abord
confusément senti. Dès lors le lien familial n'est pas seulement une appétition commune, obscure quoique puissante, mais un désir partagé par le plus grand nombre
des éléments, celui d'un progrès indéfini à réaliser dans
l'avenir par les rejetons de la souche actuelle. Tendre
ensemble et délibérément vers une sorte d'immortalité
collective, n'est-ce pas réaliser un mode supérieur de

la solidarité humaine ? Quand il ne s'agit plus de perpétuer l'Esprit ancestral, ou de s'assurer après la mort
un culte convenable, peut-être des prières et des sacrifices expiatoires ou propitiatoires, il s'agit encore,
comme l'a bien indiqué Platon, de se survivre à soi-
même, et de ne pas laisser s'éteindre à jamais la flamme
que l'on a pour ainsi dire reçue en dépôt. L'individu
sent qu'il fait partie d'une série qui le dépasse non seulement dans la durée, mais encore et surtout en importance sociale et morale : de même qu'il n'hésiterait pas
à se sacrifier entièrement pour assurer le salut et le
bonheur de ses enfants, il n'hésite pas à nier qu'il soit
la fin et le terme dernier de l'effort qui, à travers les
générations successives, a abouti à lui, simple moment
d'un devenir dont l'origine lui échappe. Son devoir
familial lui est dicté par ceux qui l'ont précédé et par
la vision plus ou moins obscure de ceux qui lui succèderont. Les parents vivent pour leurs enfants et leurs
petits-enfants : un sentiment profond les y porte ; un
devoir les y contraint.

L'importance du lien matrimonial est la conséquence
de sa valeur comme moyen d'assurer non seulement la
persistance de l'agrégat, la prolongation de la lignée,
mais encore le plus haut degré de solidarité, dans les
conditions morales les plus favorables. La chasteté de
l'épouse évite au père les craintes relatives à l'intrusion
dans la maison d'enfants qui ne descendent pas de lui :
point capital, étant donné les méfaits de la jalousie. La
solidarité familiale est exclusive : l'étranger, l'enfant de
l'étranger ne sauraient jouir de ses bienfaits ; le père
qui se sacrifierait le plus volontiers pour les « siens »
éprouve la plus grande aversion pour quiconque tente

d'enlever à sa progéniture une part de son dévouement.
Rien ne contribue plus efficacement à resserrer le lien
domestique que cet égoïsme collectif qui paraît inséparable de l' « esprit de famille ». Le bien commun ne
doit pas sortir de la maison ; les parents entendent être
seuls à exercer l'autorité souveraine sur leurs enfants ;
le mari est naturellement porté à enfermer la femme
dans l'enceinte des œuvres domestiques. Partout le
mariage a eu pour principal objet d'enchaîner la femme
à l'homme, tout en assurant de plus en plus à l'épouse
légitime une place enviable, une dignité, un rang social,
une protection constante et du respect à défaut d'amour.
C'est pourquoi la « confarreatio » grecque et romaine
était précédée d'une rupture complète du lien qui ratta-
chait la fille au foyer de son père ; elle ne devait plus
connaître que son époux et seul maître : quoi qu'il
advînt, elle devait lui rester attachée. Lorsque les lois
hindoues permirent au frère de l'époux stérile de se
substituer à lui, elles sacrifièrent l'individu à la famille,
selon le principe fondamental ; mais ce fut une innovation particulièrement audacieuse et tellement en
opposition avec la nature humaine que la coutume
semble ne l'avoir point sanctionnée. La solidarité
conjugale demande à être entière : la polygamie la mine
quand elle ne la ruine pas complètement ; la fidélité de
l'homme, d'importance moins capitale que celle de la
femme, est indispensable à la pleine confiance mutuelle
et à la poursuite en commun de la réalisation des plus
sérieux desseins : la monogamie sans restriction est
une exigence morale fondée sur la considération des
conditions essentielles de solidité et de durée du lien
conjugal.

Tous les membres de la même famille vivent de la même existence matérielle, éprouvent en commun un grand nombre d'émotions, sentiments, appétitions, répulsions, ont beaucoup de conceptions et croyances ou préjugés à peu près identiques ; la contagion morale y atteint son plus haut degré grâce aux affections sympathiques que la ressemblance et l'imitation spontanée entraînent. La solidarité des générations successives se complique donc dans l'agrégat domestique d'une très grande solidarité sentimentale, intellectuelle, pratique et particulièrement économique. Parfois, et dans presque toutes les civilisations à une période plus ou moins reculée, la solidarité familiale se manifeste ou s'est manifestée par la réaction en commun non seulement contre l'agresseur de l'un des membres de l'agrégat, mais contre la famille de quiconque s'est rendu coupable d'une injure ou d'un acte soit nuisible, soit hostile. La « vendetta » en Corse a singulièrement contribué à maintenir étroite la solidarité non seulement des parents et des enfants, des ascendants et descendants directs, mais aussi des parents éloignés. La législation pénale a pendant longtemps admis la responsabilité « in solidum » de tous les membres de la famille du criminel ou du délinquant ; de nos jours encore l'opinion publique se montre favorable au maintien de l'ancien préjugé qui faisait rejaillir la honte de la faute et de la condamnation sur les proches et les descendants du coupable ; et le soin d'éviter le déshonneur collectif contribuait naguère à la persistance d'une discipline familiale parfois sévère, qui entraînait le contrôle du chef de la communauté s'exerçant jusque sur le développement de certains sentiments chez des

membres' déjà assez âgés pour revendiquer plus d'indépendance.

On voit maintenant combien ceux qui ont voulu ne
voir dans le lien de famille qu'un effet du statut légal
ou juridique paraissent avoir méconnu les principaux
facteurs de la cohésion et de la persistance de l'agrégat
domestique. Sans doute, il importe que l'Etat après la
religion vienne sanctionner les effets d'un contrat tacite
ou explicite par lequel les époux fondent un nouveau
foyer ; il convient que cette fondation nouvelle ne soit
pas abandonnée à elle-même, comme si son objet n'avait
aucune importance sociale ; que par conséquent le
contrat soit soumis à l'observation intégrale de dispositions communes et que la vie conjugale d'abord, puis
la vie familiale dans son ensemble, soient astreintes au
respect de lois, prescriptions et prohibitions qui déli-
mitent étroitement le champ des innovations et des
contingences ; la solidarité domestique a donc des cadres.
légaux, des conditions et, conséquences juridiques ; le
lien est foncièrement le même pour tous les agrégats
de la même classe, à un moment donné de l'évolution
sociale, dans un milieu donné. Mais il ne s'agit que
d'une forme extérieure à la volonté, aux sentiments, à
la nature intime des individus : en se plaçant au point de
vue exclusivement sociologique, Durkheim par exemple
a méconnu les conditions naturelles et notamment
psychologiques et morales de l'évolution sociale et de
la constitution des organes de la vie collective. Nous
croyons devoir au contraire insister sur les sentiments,
les conceptions, les croyances, les désirs, les volitions
des êtres appelés à réaliser et développer les fonctions
sociales. C'est pourquoi sous le lien juridique, déterminé

avec précision par les Codes, complété par ceux qu'ajoutent les coutumes et les mœurs, et qui se rattachent à la contrainte sociale s'exerçant avec plus ou moins d'énergie sur des individus plus ou moins disposés à la subir, il paraît indispensable de découvrir les liens moraux, dont les consciences reconnaissent l'existence sans y être contraints par les lois, les coutumes et les mœurs du moment et du lieu. On a vu plus haut que la principale obligation morale constamment admise est celle qui peut se formuler ainsi : « devoir pour chacun de perpétuer autant qu'il est en son pouvoir l'élan vital transmis par les ancêtres ». Le respect qu'inspire cette loi morale transforme la solidarité familiale de fait en une solidarité non seulement subie, mais acceptée et de plus en plus volontaire chez les hommes les plus raisonnables.

En définitive, le lien de famille, exclusivement religieux à son origine, est devenu politique, juridique, économique, sentimental et moral. Ce ne sont pas seulement les traditions et les mœurs qui le créent ; ce ne sont pas seulement les lois et les intérêts ; fondé sur une solidarité naturelle, il est sanctionné par la conscience morale et la raison. Alors même que les pires tourmentes sociales le détruiraient en une société et parviendraient à rayer des codes civils tout ce qui concerne les institutions familiales, les droits et devoirs qu'elles comportent, nous n'en serions pas moins assurés de voir renaître dans toute société normale le besoin et le désir impérieux de constituer des foyers visant à la perpétuité, et des communautés où la fidélité conjugale, le dévouement des parents à l'avenir des enfants, le respect des ascendants, assurent l'affirmation continue et progressive d'un esprit commun, de l'appétition commune d'un avenir toujours meilleur[1].

1. Il ne s'agit jusqu'ici que du fondement naturel du lien de famille : on verra plus loin comment peut se constituer une « théorie morale de la famille » tenant compte de ce fondement. Ce qu'il importe d'inférer tout d'abord des faits observés et sommairement exposés, c'est que les rapports familiaux sont, pour une société normale et des individus normaux, non point artificiels, conventionnels ou purement juridiques, mais d'une nécessité inhérente à la nature humaine.

CHAPITRE II

L'AFFAIBLISSEMENT DU LIEN DE FAMILLE

Quand le lien de famille se relâche l'autorité échappe
au chef ; elle est discutée devant les enfants plus jeunes
par leurs aînés et devant tous par la femme ou les
grands-parents ou les oncles et tantes ; le passé domestique paraît sans intérêt, le rôle des parents et des aïeuls
ou des ancêtres est méconnu ou ridiculisé ; l'avenir de
la communauté ne préoccupe plus personne et l'éducation des enfants est négligée, abandonnée à des étrangers ou à peu près nulle ; les intérêts communs ne sont
plus défendus que par quelques-uns ou sacrifiés par
tous aux satisfactions personnelles ; l'économie est
défectueuse et le désordre croît dans la demeure ; le
gaspillage des uns, le luxe des autres, l'insouciance
quasi-générale font que la vie matérielle devient pénible ou sans attrait ; la femme ignore les occupations du
mari qui va de son côté à ses affaires et à ses distractions ou plaisirs, sans s'inquiéter du sort de l'épouse et
des enfants ; les adultères deviennent de plus en plus
fréquents ; les ménages irréguliers ou sans enfants de plus
en plus nombreux ; un grand nombre d'hommes fuient
les charges de la famille tandis que les femmes fuient
celles de la maternité et de l'entretien de la maison.
Bref, les éléments qu'une famille normale en une société

normale contient étroitement associés à une œuvre com
mune en vue d'une destinée dépassant celle des individus
vivants, — dans une solidarité affective, sentimentale,
intellectuelle, morale et pratique aussi grande que
possible —, s'éloignent les uns des autres, prennent
des voies divergentes, contractent des habitudes qui
aboutissent à une véritable séparation morale, alors
même que l'éloignement matériel ne se produit pas.

On peut donc mesurer le degré d'affaiblissement du
lien familial par les effets plus ou moins marqués et
regrettables qu'a cet éloignement des éléments constitutifs de l'agrégat domestique. Toute autorité sociale vient
de la solidarité des individus qui constituent la force
affective mise au service d'une idée, d'un dessein, d'une
tendance : l'autorité des parents et du chef de famille
en particulier est donc immédiatement atteinte par la
moindre solidarité domestique ; en vain le père tente de
recourir à la menace, parfois à la violence, à la brutalité : sa force individuelle vient se briser devant
l'inertie ou la résistance des autres éléments ; les droits
que la loi lui confère ne lui assurent pas le respect, la
déférence, la soumission ; la discipline familiale est de
celles qui demandent à être acceptées avec confiance
ou du moins avec une résignation fondée sur cette conviction qu'elle s'exerce avec les meilleures intentions.
Ni la femme, ni les enfants qui tremblent devant un
despote, ne reconnaissent vraiment une autorité convenable ; leur soumission peut n'avoir qu'un temps, et si
elle persiste en dépit de sourdes tendances à la révolte,
on ne peut plus parler en tous cas d'unité morale dans
la famille. En général la ruine lente ou rapide de l'autorité paternelle ou maternelle permet aux individua-

lités les plus turbulentes ou les plus avides d'indépendance de s'affranchir du joug commun, du contrôle salutaire aux enfants et aux adolescents, et d'échapper à la stricte observation des préceptes traditionnels. Les fils indisciplinés sont rarement travailleurs et disposés à faire bon usage de leurs moyens intellectuels ; ils se préparent mal à la vie sociale et à l'emploi convenable des ressources qui pourront leur être léguées ou procurées ; si le désœuvrement ne les mène pas à la débauche ou au vice, ils traînent une existence de dilettantes ou de blasés, d'indifférents aux grandes entreprises sociales, politiques ou économiques ; ils constituent dans la noblesse et dans la bourgeoisie une classe d'êtres plus ou moins raffinés et élégants, mais de vitalité médiocre et qui tendent au parasitisme. Plus nombreux sont les éléments de cette catégorie, plus grand est certainement le relâchement du lien familial dans les milieux où l'on jouit de la fortune ou de l'aisance. Dans le peuple, la diminution de l'autorité paternelle a des inconvénients d'ordinaire moins sensibles parce qu'ils sont plus constants ; l'ouvrier des villes surtout a rarement une autorité suffisante pour imposer longtemps une discipline sévère à ses enfants ; il vit trop en dehors du foyer, aspire trop au repos quand il y rentre, est trop souvent entraîné par ses camarades d'atelier à négliger la saine vie domestique, pour qu'il puisse y intéresser vivement et y retenir ses fils adolescents ; l'apprentissage contribue à éloigner jeunes gens et jeunes filles de l'existence familiale et à les soustraire à l'autorité paternelle ou maternelle. Ce que la vie mondaine fait pour les femmes et les jeunes filles de la noblesse et de la bourgeoisie les à-côtés de la vie ouvrière le font pour les femmes et les jeunes filles du peuple.

La prompte dispersion des frères et des sœurs, soit qu'ils aillent chacun de son côté constituer une nouvelle famille, soit qu'ils recherchent séparément des profits ou des plaisirs, ou qu'ils se livrent à des occupations sérieuses très différentes, laisse les vieux parents dans l'isolement ; voués à un déclin morose, à une fin d'existence sans joies, ils s'éteignent souvent sans que leurs enfants et petits-enfants assistent même à leurs derniers moments et leur apportent une consolation suprême. Les frères et sœurs qui, du vivant de leurs parents, n'avaient guère d'occasions de se retrouver, deviennent tout à fait étrangers les uns aux autres, à la mort des ascendants qui ont été impuissants à maintenir le faisceau des énergies domestiques : de bonne heure les enfants s'accoutument à cet abandon du foyer et à cette prompte ruine de la fraternité ; dès l'adolescence ils s'y préparent et les inclinations égoïstes qui se développent ainsi ne contribuent pas peu à l'affaiblissement de l'esprit de famille. Il n'y a pas de statistique qui puisse nous faire connaître le nombre, certainement considérable, de frères et sœurs qui n'ont plus aucune relation entre eux depuis qu'ils ont quitté le foyer commun ; mais nous savons par les statistiques des affaires plaidées devant les tribunaux civils combien deviennent plus fréquentes les contestations entre frères ou sœurs, les procès précédés de brouilles et rarement suivis de réconciliation.

Nous ignorons la plupart des cas d'abandon moral des parents ; mais nous savons que le nombre des vieillards dont les enfants éludent la charge matérielle et morale va croissant, et nous pouvons en inférer un affaiblissement général des sentiments de reconnaissance, de piété filiale, de dévouement des fils et filles adultes à la grande cause du bonheur des vieillards infirmes ou dans leurs dernières années. La statistique des entrées dans les hospices et maisons de santé, si elle était bien faite et suffisamment qualitative, nous renseignerait indirectement sur l'état d'âme tant des enfants qui ne veulent pas donner des soins simplement assidus à leurs parents malades que des parents qui s'en remettent trop volontiers à la collectivité du soin de leurs enfants, atteints d'infirmités ou de maux curables dans la famille. Sans doute, le recours aux soins hospitaliers est en bien des cas légitime sinon nécessaire, et l'on ne saurait voir l'indice d'une moindre affection filiale ou paternelle dans ce recours de plus en plus fréquent ; mais des enquêtes faites discrètement dans les différents services de la santé publique et de l'assistance publique permettent de voir que bien des admissions sollicitées et obtenues ont pour principal mobile le désir égoïste de se libérer du fardeau le plus lourd qui puisse peser sur des gens riches ou aisés, celui de la vigilance affectueuse, de la sollicitude éclairée et efficace en faveur de parents ou d'enfants atteints par des maladies de longue durée ou par des infirmités répugnantes.

La tendance générale de plus en plus accentuée à recourir à la collectivité pour l'instruction des enfants, pour leur éducation technique et morale, pour leur traitement en cas de débilité ou de maladie, pour les soins aux malades de tout âge, pour l'assistance aux vieillards, se complète par une inclination de plus en plus nette de la majorité des individus pour l'existence aussi souvent que possible hors du foyer, sans souci du ménage, du confort intime, de l'organisation particulière de la vie domestique : les restaurants s'ouvrent de plus en plus à des personnes des deux sexes qui pourraient fort bien prendre leurs repas en famille[1], les hommes qui vont régulièrement après leurs repas prendre le café dans des établissements publics est depuis longtemps considérable ; on songe de moins en moins à constituer « at home » une bibliothèque pour le délassement ou pour le travail intellectuel et l'on préfère le plus souvent la lecture des ouvrages, des revues, des journaux dans les bibliothèques populaires, alors même que l'on a les moyens de se livrer chez soi, tout près des siens aux distractions et occupations de l'esprit. On recherche toutes les occasions de « sortir », de fuir l'existence jugée trop monotone, parce qu'on ne s'intéresse plus aux fins et moyens de la vie domestique, parce que la famille a cessé d'être un solide faisceau d'énergies convergentes. On envie le célibataire, et le nombre va croissant des jeunes gens qui répugnent à tout projet de mariage parce qu'ils ont eu le spectacle de l'agrégat domestique désuni, morne, dépourvu d'intérêt, de vitalité. On cherche dans les relations extérieures, dans des amitiés souvent décevantes, dans des liaisons parfois malsaines, dans la fréquentation de personnes mal connues, dans l'agitation politique, religieuse, artistique ou dans la recherche scientifique

---

1. En Amérique, en Allemagne (à Berlin plus encore qu'à Paris), on trouve un nombre croissant de couples qui n'ont pas de « service alimentaire » à leur domicile conjugal ; la mode de « vivre au restaurant » se répand même dans certaines petites villes. — Il y a longtemps que bien des clubmen vivent plutôt au cercle que chez eux.

ou dans l'activité technique un rémède à l'ennui causé par une vie intime inconsistante.

La limitation volontaire du nombre des enfants peut, on l'a vu, participer d'un désir justifiable d'assurer à la progéniture une vie aisée ou une meilleure préparation à la vie sociale par une éducation plus soignée ; mais la réduction à un fils unique correspond soit à une conception bien étroite de l'avenir familial, soit à un souci de bien-être et de tranquillité personnelle qui témoigne d'un trop faible élan vital. L'absence voulue d'enfants décèle l'absence de tout sentiment de famille : le couple qui se considère comme l'aboutissant de l'effort ancestral, arrivé comme à une impasse, exagère l'égoïsme à un degré quasi-pathologique. Donc lorsqu'une société présente un grand nombre de fils uniques ou de couples sans descendance, on peut être assuré que le lien de famille y est particulièrement relâché. La solidarité domestique n'est jamais plus grande et plus active que lorsque les enfants sont nombreux, les plus jeunes permettant aux aînés de faire l'apprentissage d'une fraternité pratique, efficace, tandis que les parents maintiennent l'unité synthétique de l'agrégat par une autorité solidement étayée sur le « consensus » familial, source d'une discipline féconde en heureux résultats. Aussi les anciennes familles de paysans et de pêcheurs, qui comptaient de six à onze enfants en moyenne, étaient-elles beaucoup plus unies et soucieuses du bien commun sous toutes ses formes que celles d'aujourd'hui atteintes par le mal qui mène à la dépopulation et à la dispersion.

L'immigration dans les grands centres industriels ou les villes à population trop dense atteste de son côté une moindre solidarité domestique : l'attachement au foyer paternel fait que des paysans du Plateau Central ou de la Savoie ou des Pyrénées, contraints par le besoin de s'éloigner de leur famille et d'aller chercher à Paris ou dans des régions plus fertiles d'abord la subsistance et souvent l'aisance, ne manquent jamais de revenir aussitôt qu'ils le peuvent auprès de leurs parents et de leurs frères ; l'émigration temporaire doit donc être soigneusement distinguée, au point de vue où nous nous plaçons, de l'éloignement définitif, déterminé par la tentation de la grande ville, du fonctionnarisme ou de la vie plus gaie, mais qui n'est accepté ou désiré que par des gens déjà « déracinés » à demi. Avant de renoncer ouvertement à la vie de famille, ils en ont trop peu vu la valeur et ils n'ont peut-être jamais senti sa puissance. De tels immigrés sont nettement de plus en plus nombreux; ils font sans cesse de plus nombreux imitateurs dans les pays civilisés où les industries rurales, l'agriculture, l'élevage, la pêche, tombent dans le marasme, faute de bras. Les fonctionnaires qui se vouent à de fréquents déplacements et à l'éloignement constant de la maison paternelle, restent fréquemment célibataires non seulement parce qu'ils ont des exigences en matière de dot, et des besoins qui leur font appréhender les charges de famille, mais encore et peut-être surtout parce que leur choix initial d'une vie souvent errante a été dicté par une répulsion pour la trop monotone existence du village qui vit naître et mourir leurs aïeux et parents. On peut saisir sur le vif cette aversion du lien de famille chez la plupart des « coloniaux », militaires ou civils, qui appartiennent souvent à des agrégats domestiques en pleine décomposition, et qui s'éloignent, dégoûtés de chaînes qui leur ont paru trop lourdes, uniquement parce que la vie commune était devenue anormale. Beaucoup se plaignent d'avoir été maltraités dans leur enfance par un père alcoolique ou par une marâtre impudente ; d'autres n'ont connu la vie domestique que par ses pires côtés et ont été moralement abandonnés dès l'enfance ; d'autres n'ont jamais connu leurs parents ou bien ont été fréquemment témoins d'actes répréhensibles, de discussions, de violences, de scènes de ménage impliquant un irrémédiable désaccord. S'ils ont généralisé à tort, ils n'en sont pas moins excusables dans leur sorte de phobie de tout ce qui touche à une discipline ou à une solidarité qui ne leur a laissé que de pénibles impressions et d'amers souvenirs. Combien en est-il tombé dans la guerre de 1914-1918, qui avaient fait joyeusement le sacrifice de leur vie au pays, avec d'autant plus d'ardeur qu'ils ne connaissaient pas leur famille et qu'ils n'avaient jamais songé à en fonder une ! Déracinés souvent héroïques, ils ne manquaient ni de patriotisme, ni de générosité ; leur existence en apparence égoïste était vouée en réalité à beaucoup d'abnégation ; mais leur altruisme, parfois même excessif, se dressait contre l'égoïsme collectif des agrégats domestiques : ils n'avaient jamais pu en concevoir nettement le bon côté.

Parmi les victimes de la désintégration familiale, il en est qui n'ont pas le courage de chercher dans des entreprises coloniales ou autres un dérivatif à leur besoin de se sacrifier pour autrui et pour l'avenir : on sait fort bien depuis les travaux de Durkheim sur le suicide quel rôle considérable peut jouer la dissolution

morale ou affective de l'agrégat domestique dans cette
sorte de négativisme qui porte l'individu à supprimer
sa propre existence. L'analyse des faits et de nombreuses observations nous montrent que l'être a besoin
d'une sorte de support social non seulement pour
grandir sous une tutelle propice à son développement,
mais encore pour puiser dans un milieu affectueux et
sûr le réconfort nécessaire aux heures de dépression :
depuis la discipline imposée aux enfants dans la famille normale jusqu'à l'entr'aide des adultes en passant
par la sollicitude de plus en plus discrète dont bénéficient les adolescents, la vie domestique offre à chacun
de nous comme un rempart contre les inspirations
malsaines et surtout contre le doute et le scrupule exagéré, contre l'aboulie des candidats à la neurasthénie,
contre la dépression héréditaire des psychasthéniques.
C'est une des fonctions essentielles de la famille et trop
souvent laissée dans l'ombre que cette tutelle indispensable qui se prolonge pour le mari par l'affection de la
femme et pour celle-ci par la protection maritale, source
de confiance en soi-même et dans les autres. Aussi n'est-
on pas surpris de voir les suicides des adolescents, des
jeunes adultes, des malades, des vieillards, se rattacher
à l'impulsion morbide qui grandit démesurément en
l'absence du réconfort familial ou en présence du
désarroi de la vie domestique. Si l'on défalque du
nombre des suicides dans une société celui des cas nettement imputables à l'aliénation mentale, à la surexcitation passagère, aux intoxications graves, la plupart
des autres morts volontaires sont autant d'indices d'une
désintégration familiale profondément ressentie. Le
nombre croissant de ces cas dénote donc un affaiblisse-

ment général de la puissance du lien par lequel la vie individuelle est normalement rattachée à la volonté collective de vivre.

Ce qui est vrai du suicide l'est aussi de la criminalité, de la délinquence et de l'immoralité. Dans un mémoire couronné par l'Académie des Sciences morales et politiques, nous avons montré quelle influence néfaste exerce, sur le développement exagéré à notre époque et dans presque toutes les sociétés civilisées de la criminalité spéciale aux adolescents, le relâchement des liens que la vie de famille impose aux membres de l'agrégat domestique : c'est dans les milieux où la tutelle des parents fait le plus nettement défaut que l'on trouve le plus grand nombre de jeunes criminels ou délinquants. Quand le père est mort ou qu'il est sans influence sur l'éducation des enfants, quand la mère est trop faible pour maintenir la discipline et exiger l'obéissance, ou bien lorsque ni la mère ni le père, ni les aînés ne s'intéressent à l'évolution morale des plus jeunes, et surtout lorsque l'immoralité des parents et des aînés, la débauche, la dépravation ont fait du milieu familial une juxtaposition d'individus foncièrement étrangers ou hostiles les uns aux autres, les adolescents et parfois les enfants de neuf à treize ans sont fatalement voués en grand nombre aux erreurs de conduite de plus en plus graves qui les amènent tôt ou tard devant les tribunaux chargés de la répression (Cf. Joly : L'enfance criminelle). Les passions juvéniles agissent alors sans contre-poids ; la solidarité malsaine qui s'établit entre vauriens de même âge et professionnels du vol ou du crime remplace la solidarité familiale parfois complètement déficiente ; et l'on voit des statistiques effrayantes accuser en quelques années la plus redoutable des progressions, celle de l'armée du crime.

L'immoralité est moins aisée à constater que la délinquence et la criminalité ; nous ne pouvons faire appel à aucune statistique ; nos enquêtes se heurtent aux plus grosses difficultés d'appréciation objective : chaque époque est portée à s'attribuer une moralité inférieure à celle des époques antérieures ; les modifications profondes des coutumes et des intérêts collectifs, d'un âge à un autre, font que les gens sur le déclin de l'existence jugent sévèrement ceux qui ne pensent pas comme eux et adoptent de nouvelles idées directrices de leur conduite privée ou collective. Cependant, il semble avéré que le cosmopolitisme de certaines populations urbaines, antagoniste de la persistance des traditions familiales, se concilie mal avec la délicatesse morale, les scrupules des consciences honnêtes, le respect des obligations rationnelles et même des engagements explicites ou tacites. Or nous voyons un nombre croissant d'individus se lancer dans la négation des devoirs traditionnels et dans l'affirmation audacieuse d'une complète indépendance à l'égard des conceptions morales régnantes, précisément dans la mesure où ils ont fait litière de ce qu'ils appellent les préjugés de l'esprit de famille. Nous constatons au contraire que dans les petites agglomérations rurales et urbaines où subsistent des familles aux éléments étroitement unis, soucieuses de leur honneur, de la bonne tenue et de la valeur croissante de tous leurs membres, subsistent aussi de grandes exigences en matière de conduite. Nous avons donc le droit de supposer que la désintégration familiale est d'autant plus grande que sont plus nombreux les

dissidents dans l'ordre moral, les adversaires non seulement du moralisme, mais de l'effort commun pour le
maintien de la dignité morale.

D'ailleurs ceux qui peuvent observer un grand
nombre d'enfants, d'adolescents, de soldats, d'employés,
d'ouvriers, sont sans doute qualifiés pour juger de l'accroissement ou de la diminution de la moralité, en
dehors de la criminalité et de la délinquence. Or leurs
témoignages sont concordants : plus les jeunes gens,
élèves, apprentis, employés, soldats, sont nombreux
qui proviennent des milieux où le lien familial est visiblement affaibli, plus ils se montrent enclins à passer
à côté de la stricte probité, à montrer de l'hypocrisie
ou de l'impudence, à manquer de parole, à ne témoigner que d'un faible développement du sentiment de
l'honneur, à ne faire que de médiocres efforts en vue de
l'acquisition des vertus les plus estimables. Dans les
grands ateliers, la plupart des ouvriers qui manquent de
conscience, de valeur professionnelle, sont ceux qui n'ont
pas de famille ou qui sortent de familles désorganisées :
on prétend qu'ils sont de plus en plus nombreux ; que,
comme les adolescents, ils sacrifient aisément aux succès ou aux avantages personnels la dignité, l'indépendance morale, la fierté du devoir accompli. Nous avons
peut-être un indice de l'abaissement du niveau moral
en général dans l'indulgence croissante de la masse (et
de bien des collectivités plus relevées que la foule
amorphe) pour les délits qui entachent l'honneur sans
porter un grave préjudice aux intérêts matériels
d'autrui ; pour les crimes passionnels, pour les injures
et la diffamation, pour le recours à des armes déloyales,
pour les spéculations malhonnêtes, etc. S'il est vrai

que l'énergique maintien du lien familial prédispose à
une sorte de rigorisme moral, on doit donc admettre
que cette indulgence générale repose sur une désintégration sociale qui atteint les agrégats domestiques.

L'immoralité sexuelle est sans doute la plus aisée à
constater : le libertinage, l'adultère, la prostitution,
sont loin d'être en décroissance dans les sociétés contemporaines. Or on nierait difficilement que cet immoralité a d'étroits rapports avec l'affaiblissement de la
discipline domestique et de la solidarité de tous les
membres de la famille[1]. S'il est une opposition nette,
c'est celle du lien de famille et du dévergondage des
fils, des filles, de l'épouse, du mari. Les agrégats fortement organisés s'emploient généralement à faire observer par tous une discipline sévère en matière de relations
sexuelles, tant à cause des dangers de l'inconduite
qu'en vue du maintien du bon renom de la maison, du
respect dû aux parents, de la dignité commune. Lorsqu'on voit les jeunes filles manquer de tenue, on présume non sans raison l'absence à peu près complète
non seulement de clairvoyance mais d'autorité paternelle et maternelle. Les prostituées ont complètement
rompu le lien familial si elles l'ont jamais connu ; les
filles sans pudeur s'écartent du foyer qu'elles désho-
norent et où la sollicitude, la vigilance, l'affection des
parents, n'ont pas su les retenir. Il y a incompatibilité
trop manifeste entre le libertinage des jeunes gens et

1. Nous faisons ici de l'immoralité sexuelle un *effet* de la désagrégation familiale, sans nier pour autant — comme on le verra plus loin —
que cette même immoralité soit *cause* de dissolution familiale. Dans
l'organisation sociale, où tout est solidaire, les actions réciproques sont
constantes.

la confiance réciproque de tous les membres de la famille pour qu'on ne puisse pas inférer sûrement du nombre croissant des liaisons malsaines ou des actes libidineux un relâchement fondamental, un manque de communion morale dans la maison paternelle. Le jeune homme qui s'éloigne de plus en plus du foyer où il craint de ne trouver que réprobation peut sans doute n'être que momentanément victime de la violence de sa passion, de ce qu'Aristote appelait son « incontinence »; s'il se range et revient au bercail, nous estimerons que le lien familial a été assez fort pour triompher de l'entraînement passager ; aussi est-ce surtout le grand nombre de ceux qui ne reviennent pas que l'on peut considérer comme un indice de débilité dans la constitution domestique.

L'adultère du mari ou de la femme est évidemment la manifestation la plus nette d'une faillite de la morale familiale. Le nombre des adultères constatés ne saurait nous renseigner sur celui des adultères effectifs et encore moins sur celui des ménages dans lesquels il y a complète désunion des époux ; mais on présume généralement l'accroissement de l'un à la suite de l'accroissement de l'autre ; il est vraisemblable que le rapport est à peu près constant. Nous pouvons donc admettre que l'évolution sociale la plus récente dans les pays civilisés n'a pas été favorable au maintien strict du lien conjugal. Sans doute, toutes les époques ont connu un grand nombre de maris trompés et de femmes délaissées, et ce fut un thème presque perpétuel à plaisanteries plus ou moins spirituelles que cette condition conjugale dont Rabelais n'a pas manqué de montrer l'aléa. Mais jamais avant notre époque les femmes n'avaient en aussi grand nombre revendiqué nettement une indépendance que beaucoup considèrent exclusivement au point de vue licencieux.

Le féminisme est en partie le produit de la désagrégation familiale de notre temps : certaines femmes ont réagi contre la sujétion à l'homme, au mari, sous prétexte d'égalité intellectuelle ; leurs revendications parfois tapageuses leur ont déjà assuré l'accès de nombreuses fonctions publiques et d'emplois autrefois réservés aux hommes ; elles ont généralement abouti à l'égalité de salaires, contrairement à l'ancienne théorie selon laquelle le gain de la femme ne pouvait être que « complémentaire » de celui du père ou du mari : ainsi, placée au point de vue économique sur un pied d'égalité avec son concurrent mâle, celle qui autrefois demandait aide et protection est portée aujourd'hui à exagérer ses droits, sa puissance, sa liberté. Elle s'éloigne du pot-au-feu, considère les soins du ménage, des enfants, comme trop vulgaires ou monotones ; elle vise aux professions libérales et aux occupations absorbantes de la vie intellectuelle ou industrielle ou politique ; quand elle rentrera du bureau elle ira au restaurant : l'Etat s'occupera de ses enfants si elle daigne en avoir. Une telle conception n'a été possible que par suite d'un complet dédain, sinon d'une aversion profonde, pour la vie domestique ; elle est plus dangereuse pour la famille que l'adultère lui-même; elle tend simplement à justifier théoriquement et pratiquement un abandon du foyer auquel la plupart des féministes sont à l'avance résolues. Le péril pour l'institution familiale ne vient pas de ce que quelques femmes visent à « masculiniser » leur activité ; tout être humain quel que soit son sexe est évidemment admis à faire la preuve de ses capacités et à remplir les fonctions sociales correspondant à ses aptitudes ; et à ce point de vue les femmes auraient raison de réclamer une révision de la « loi de l'homme » en cas d'oppression injustifiable de leur sexe. Mais ce qui est redoutable pour l'avenir de la race et par conséquent de la civilisation, c'est qu'un nombre croissant de femmes se sentent affranchies de l'obligation fondamentale, correspondant à la fonction de la maternité, de vivre au foyer et avant tout pour la perpétuité du foyer. Si le féminisme était une cause d'affaiblissement passager du lien familial, le danger ne serait pas grand, car ce lien est assez fort, comme on l'a vu plus haut, a une origine et une nature telles qu'il triompherait aisément de tentatives fatalement inconséquentes. Mais si le féminisme est une conséquence de la débilité du lien, la diffusion rapide des doctrines et de l'action correspondante doit nous servir d'indice et nous révéler la profondeur du mal. La doctrine d'émancipation féminine a surtout la valeur d'un symptôme ; la désertion ayant commencé, on s'efforce de la justifier et l'on pousse aux extrêmes une théorie née de la constatation d'un fait : l'aversion pour la vie de famille.

Ainsi nous constatons de toutes parts tout le contraire d'un attachement croissant à l'existence d'une forte communauté domestique. Il y eut sans doute toujours des individus inaptes à la vie familiale : des fils de seigneurs ou de bourgeois se faisaient soldats, aventuriers, marins, prêtres ou moines ; des filles entraient dans les couvents, parce que leur tempérament, leur caractère les portait à un mode d'existence autre que celui de leurs proches. Mais il n'y eut peut-être jamais une aussi profonde désaffection chez un aussi grand nombre d'êtres. Certains vont jusqu'à admettre pour un avenir prochain un communisme que les clans primitifs mêmes ne connurent pas. La vie matérielle assurée en commun serait l'objet des soins de quelques-uns, comme dans une caserne ou un hôtel dont les pensionnaires n'ont à s'occuper en rien de leur nourriture et de leur entretien ; plus de familles distinctes ; les enfants appartenant à la communauté seraient élevés par elle, et ne feraient aucune distinction entre leurs parents selon la nature et leurs pères et mères selon la loi ; la communauté des biens supprimerait toute concurrence et toutes les haines qui naissent de la cupidité ou de la jalousie ; les rapports sexuels seraient réglés sans doute comme l'avait imaginé Platon, théoricien d'un communisme théocratique qui jusqu'ici n'avait guère été pris au sérieux [1].

Faut-il donc croire que nous sommes destinés à une prochaine expérience sociale dont le régime fondé en partie sur la famille ferait les frais ? Nul ne peut dire quel est l'avenir réservé au communisme [2] : il e t des cataclysmes sociaux suivis du profond bouleversement des institutions qui paraissaient les plus solides et les mieux fondées ; la raison humaine peut subir a s éclipses. Ce qui semble hors de doute, d'après les nombreux indices recueillis, c'est une tendance des individus à échapper à une étreinte qui fut autrefois la plus forte possible et qui devient chaque jour plus faible :

1. Voir plus loin l'exposé de la théorie communiste de Platon, suivi de sa théorie traditionaliste.

2. Le communisme n'a connu jusqu'ici que des échecs, en des tentatives de portée très restreinte ; les « ruches » libertaires ont vite abouti à des dissensions profondes.

celle de la communauté domestique. L'individualisme s'affirme au détriment de la solidarité familiale; chacun entend « vivre sa vie » à sa guise. La famille est à allures monarchiques; l'individualisme est anarchique. Il ironise avec la morale [1], ignore toute autorité.

L'individualisme anarchique et égalitaire triomphe pour le moment dans l' « union libre » qui dans les villes, dans les grandes cités industrielles et à Paris, fait une concurrence de plus en plus marquée à l'union légale : des libertaires fort honnêtes et d'intentions très droites se refusent à la consécration légale de ce qu'ils considèrent comme une affaire essentiellement privée ; ils ne font que persévérer logiquement dans leur attitude individualiste, radicalement opposée à l'antique et primitive soumission de l'être à la communauté. Le nombre croissant des naissances dites « illégitimes », des enfants dits « naturels », mais qui sont en fait reconnus et élevés par des parents non mariés, nous montre combien l'esprit de famille a perdu de terrain dans les milieux les plus denses. L'union libre est essentiellement temporaire ; ceux qui la contractent le plus sciemment et délibérément prétendent tenir compte de la nature humaine qui implique changement, satiété, et répugne à la monogamie, à la perpétuelle fidélité, ce qui n'autorise qu'un contrat pour une durée limitée, rompu selon le vœu de l'un et de l'autre contractants dès qu'ils reconnaissent ne plus pouvoir « s'accorder que pour se séparer » (agree to disagree). Aucun souci du sort réservé aux enfants après cette séparation : rien que la considération égoïste de l'indépendance personnelle sauvegardée; conception analogue à celle des esclaves

1. Cf. Paulhan. *La morale de l'ironie.*

qui n'avaient ni parents, ni enfants et vivaient sous le régime du « contubernium » dans une complète indifférence pour le passé et pour l'avenir social : le rapprochement, quoique paradoxal, s'impose, des effets d'une résignation servile et des conséquences d'une réaction libertaire contre l'autorité de la loi, de la coutume et de la tradition.

Cette réaction contre le joug familial a eu sa répercussion sur tous les agrégats domestiques où les individus légalement unis supportaient malaisément de trop lourdes chaînes. On s'est ingénié à obtenir le divorce, les deux époux étant ordinairement d'accord pour exagérer leurs malentendus et leurs griefs, afin d'en finir au plus tôt avec une communauté devenue intolérable. Le nombre croissant des divorces témoigne donc lui aussi de l'énergie croissante de l'aversion inspirée de nos jours à bien des individus par la discipline ou simplement la solidarité familiale. Les conséquences sociales de cette quasi-généralisation du divorce dans certains milieux sont visibles : on rencontre dans les établissements d'éducation, dans les casernes, dans les bureaux, des enfants ou des adolescents qui montrent par leur tristesse ou leur gêne combien la désunion de leurs parents les a profondément atteints : elle leur a nui non seulement au point de vue matériel et moral, mais encore au point de vue de leur santé psychique, de leur confiance dans la vie et l'action ; ils seront peu enclins à tenter l'expérience qui a si malheureusement abouti en ce qui concerne leurs parents ; et ce sera encore un facteur social de méfiance à l'égard des institutions traditionnelles que la sourde rancune qu'ils garderont de ce trouble apporté en leur existence, moins, à leur avis, par la faute de leurs parents que par un vice foncier de l'organisation familiale. D'autre part, les divorcés qui se remarient sont d'ordinaire plus enclins à l'indépendance réciproque qu'à une étroite solidarité conjugale ; souvent la femme divorcée n'est pas bien accueillie dans la famille de son nouveau mari ; les enfants nés de l'union précédente, s'ils ne sont pas complètement délaissés, sont causes de tiraillements bientôt pénibles et dissolvants. Le nombre des mariages après divorce ne saurait nous rassurer sur l'affermissement du lien familial[1].

La famille selon la tradition est donc généralement et sérieusement menacée. L'incrédulité romaine et le christianisme l'ont privée de la religion domestique, des dieux du foyer : il n'y a jamais eu pour la maison comme pour la commune ou la confrérie ou la corporation un saint patron protecteur chrétien de l'agrégat : seuls les individus ont été dotés d'anges gardiens et de patrons célestes ; le père de famille a dû céder au prêtre son rôle ancien au point de vue du culte qui n'a plus été célébré qu'exceptionnellement (dans la chapelle du château) pour une seule communauté domestique. Le culte des ancêtres a disparu : non seulement on a renoncé partout sauf en Chine à une sorte d'apothéose des aïeux, mais encore le culte des morts a décru : le cadavre en voie de décomposition totale n'est rien au point de vue spiritualiste et ne compte plus au point de vue matérialiste ; les âmes des défunts seules peuvent intéresser les survivants, et c'est certainement une façon pieuse de se rattacher au passé familial que de

1. Ils aboutissent fréquemment à de nouveaux divorces ou à des séparations de fait.

prier pour. les parents décédés ou de faire offrir des
sacrifices pour leur salut; mais cette piété tourne le
plus souvent à la formalité dont on s'acquitte comme
d'une tâche imposée par la tradition, avec le désir de
s'en affranchir aussitôt que les coutumes locales le permettent : il en est des prières pour les morts comme
des vêtements de deuil que l'on porte parfois avec d'autant plus d'ostentation que le regret intime est moindre.
Les tombes des aïeuls subsistent généralement; mais
le cimetière qui évoquait le souvenir des plus modestes
aïeux a disparu; et les arrière-petits-fils ont oublié
totalement le coin de terre souvent très éloigné où les
générations antérieures unissaient prières, souvenirs,
regrets, espoirs. Les grands-parents vivants jouissent
rarement du respect d'autrefois, quels que soient leurs
droits à la vénération de leurs petits-fils : ils ne parviennent à se rendre supportables que par la plus grande
indulgence et beaucoup de bontés. Les parents renon-
cent en grand nombre à exercer un contrôle efficace
sur la conduite des jeunes gens et se désintéressent
parfois même de l'éducation des tout petits; l'instruction est donnée au dehors ou par des maîtres étrangers,
sans que la mère ou le père y participent; la discipline
familiale est aussi réduite que possible et bien des
pères hésitent à adresser des remontrances, à faire des
reproches, à punir ou même à contrarier des désirs
exprimés parfois impérieusement sans la moindre
déférence pour l'avis contraire des parents. L'autorité
paternelle n'est plus qu'un lointain objet de souvenir
pour bien des gens : un « bon » père est avant tout un
homme sans caractère ou excessivement indulgent;
une « bonne » mère se reconnaît à une sollicitude qui

entraîne trop de complaisance et des secrets bien gardés. La solidarité entre frères, sœurs, cousins, personnes peu éloignées de la souche commune, est d'autant moindre que le souvenir de la commune origine s'est effacé plus rapidement : on ne se réunit plus au moins une fois l'an autour de l'aïeul ; on ne se rencontre plus que par hasard. La dispersion des unités constituant l'agrégat domestique, réduit aux ascendants et descendants directs, est telle dans tous les pays civilisés que si l'on fait le compte des journées passées hors du foyer par les différents membres d'une famille-type on trouve : pour le père, industriel vendant lui-même les produits de son usine et achetant lui-même, un jour par semaine en moyenne ; pour la mère, tailleuse, se déplaçant pour les achats, les essayages, les livraisons trois jours par semaine ; pour le fils aîné, élève d'une école normale d'instituteurs, cinquante jours par an au maximum ; pour le fils plus jeune, petit employé, un jour par semaine, au maximum (le dimanche, où il ne fait que prendre ses repas à la maison) ; pour la fille seulement, occupée au ménage, à peu près tous les jours de l'année. Que l'on prenne une famille plus aisée : le père passe la plupart des heures de la journée au bureau et au café ; la mère sort beaucoup et ne vit presque pas chez elle ; les deux fils sont au collège et pendant les vacances vont chacun de son côté ; la servante est le principal hôte de la demeure. Que l'on prenne maintenant une famille autrefois « fortement organisée par ses traditions et ses croyances » : nous pouvons emprunter à M. A. Lalande l'exposé du processus qui aboutit à sa dissolution. « L'aïeul, personnage de haute bourgeoisie, réfugié en Hollande, épouse une catholique, et, réconcilié avec l'Église, revient habiter la ville de province où sa famille était au rang des notables. Il a deux fils... l'un conseiller à la Cour, l'autre président du tribunal de première instance de leur ville. L'aîné a sept enfants, qui tous continuent à vivre au même endroit, sauf un des fils qui part pour l'Amérique et y meurt : les autres se marient sur place, l'aîné devient directeur des contributions directes du département. Le président a huit enfants : à l'exception d'une fille, mariée à un professeur de droit que sa carrière entraîne à Paris, tous ceux-ci demeurent encore groupés ensemble, matériellement et moralement... A la génération suivante, la branche aînée ne comprend plus que trois filles : l'une se marie avec un magistrat, plus tard président de la cour et ne voyage pas. Les deux autres épousent des fonctionnaires... et sont transportées à travers la France. Mais chose remarquable : tant que le président a vécu, il a été le chef incontesté de cette branche de la famille ; son beau-frère lui a succédé, avec un peu moins d'autorité. A la mort de ce dernier, tout s'est dispersé. Quelques incapables de fait, sinon de droit, qui se trouvaient dans la famille, ont été laissés à eux-mêmes. Personne ne s'est occupé de leur faire donner un conseil judiciaire ni de les diriger. Ils sont tombés à l'état d'épaves... La branche cadette s'est émiettée de son côté. Elle aussi a reconnu longtemps, même à distance, l'autorité quasi paternelle du fils aîné... Lui mort, la même anarchie s'est établie. Une des branches, transportée en Algérie, s'y est complètement désorganisée. De ceux qui sont restés en France, quelques-uns sont à Paris, les autres habitent diverses villes. Il est possible qu'à la prochaine génération il ne reste plus personne au berceau de la famille. » — Si au lieu d'une famille bourgeoise, nous prenons une famille paysanne, voici ce que nous trouvons : depuis 1608 au moins, les G... habitent le même village ; les filles et les fils dès qu'ils se marient viennent se grouper autour de la maison paternelle ; à partir de 1840, les frères de la branche aînée vont l'un dans un autre département, l'autre dans le village voisin, l'autre dans un bourg éloigné, le quatrième reste dans la maison principale ; les autres habitations ont passé par contrats de mariage à des éléments de plus en plus étrangers les uns aux autres. En 1870, le détenteur de la maison ancestrale domine encore les trois familles fondées par ses enfants, mais déjà fort dispersées ; à sa mort en 1880, les trois groupes s'isolent complètement les uns des autres ; en 1900, les descendants s'ignorent : l'un est capitaine de gendarmerie, l'autre est en Algérie, l'autre est professeur, un autre forgeron, un autre viticulteur ; la vieille demeure que l'un d'eux conserve de son mieux ne voit jamais les autres. — Il est superflu d'ajouter le résultat de nos enquêtes sur des familles d'artisans, ruraux ou urbains : la dispersion est, on le sait, encore plus marquée. Nul n'ignore combien elle l'est aussi dans l'aristocratie.

On ne peut donc guère douter de l'exacte correspondance des faits observables dans nos sociétés civilisées et de la définition que nous avons donnée au début de ce chapitre du relâchement du lien de famille, définition imposée par les conclusions du chapitre précédent.

———

CHAPITRE III

CAUSES ÉCONOMIQUES ET POLITIQUES
DE L'AFFAIBLISSEMENT DU LIEN DE FAMILLE

On pourrait être tenté de rattacher simplement la désintégration familiale à la dissolution sociale, comme l'a fait par exemple M. A. Lalande, et comme nous invite à le faire l'opinion commune qui incrimine volontiers le prétendu « progrès », fatal, semble-t-il, à d'excellentes choses. Sans doute, la famille fait partie intégrante du système social, et subit les fluctuations de l'ensemble : les périodes de décadence totale sont aussi funestes à l'institution familiale. qu'aux institutions politiques. Mais les sociétés humaines ne sont pas comme les organismes individuels des composés d'éléments à fonctions si étroitement solidaires que tous les organes participent en même temps de la croissance ou de la sénilité : il y a dans la vie sociale des progrès qui semblent achetés par des régressions, des rajeunissements partiels par des désintégrations particulières qui parfois favorisent d'autres intégrations. Ainsi la dissolution de la famille antique a permis l'unification religieuse et favorisé l'essor de l'Église chrétienne ; de nos jours, le relâchement du lien de famille permet à ceux qui s'évadent du foyer de rendre plus puissante la solidarité professionnelle, syndicale, civique, politique ou militaire ou patriotique. D'ailleurs l'idée de causalité implique celle de variations concomitantes précises : on ne peut pas se contenter d'une tentative d'explication générale qui risquerait d'être surtout verbale.

Toutes les institutions sociales se transforment : la famille ne peut pas échapper à de très importants changements ; la solidarité domestique peut prendre des formes jusqu'ici inconnues et s'éloigner complètement des aspects primitifs sans que nous ayons à redouter la disparition totale, rêvée par les communistes libertaires, de cet organe foncièrement indispensable à la vie collective. Il ne saurait donc être question de décadence sociale irrémédiable et de désintégration familiale indéfiniment prolongée : nous avons posé en principe, dans la préface, que la recherche des causes doit pouvoir nous fournir le moyen de remédier au mal par l'élimination des facteurs contingents de dissolution, ou de modifier les institutions par adaptation aux conditions reconnues inéluctables, aux nécessités naturelles.

La base de toute existence consiste en ce qu'on appelle les conditions « matérielles » : au point de vue sociologique, ce sont les conditions économiques. La famille est subordonnée au milieu physique et social pour la subsistance de ses membres. Sous un régime d'existence collective où la subsistance est assurée par le milieu physique immédiat, par la pêche, la chasse, la culture et l'élevage, où les échanges sont presque nuls avec les agrégats tant soit peu éloignés, la famille doit se suffire presque entièrement à elle-même ; la solidarité économique est déjà un lien puissant entre tous les membres de l'agrégat, tous contraints de travailler et d'économiser ensemble, de partager à peu près également une nourriture souvent peu abondante et variée, de se protéger en commun contre les intempéries et les dangers multiples. Il s'ensuit que la force de ce lien diminue à mesure que la famille doit compter davantage sur le dehors pour sa subsistance et moins sur le concours de ses membres. Plus le commerce s'étend, plus la division du travail s'accentue, plus l'individu dépend pour sa vie matérielle d'un vaste milieu social et moins par conséquent il est attaché aux besognes domestiques. L'agrégat agricole s'est longtemps efforcé de se suffire à lui-même : c'est pourquoi la famille paysanne qui, au siècle dernier, faisait encore son pain avec le blé qu'elle récoltait et ne mangeait pas d'autre chair que celle des bêtes qu'elle élevait, a conservé plus longtemps que les autres les mœurs primitives. Au contraire, les artisans, les bourgeois des villes, qui dépendent de toutes sortes d'ouvriers, de producteurs, de trafiquants, ont senti la solidarité économique seulement sous la forme de l'interdépendance au point de vue du gain d'argent ou des revenus et de la dépense commune, de l'accroissement de richesse ou de pauvreté. L'artisan du moyen âge unissait intimement l'économie domestique et l'activité professionnelle ; il travaillait chez lui, avec ses frères, ses enfants, parfois sa femme et ses filles : toute la maison était directement intéressée à l'œuvre du père, patron et chef ; mais cette solidarité a disparu avec la substitution des grands ateliers au travail à domicile, et l'ouvrier s'est détaché du foyer en même temps que sa famille se désintéressait de sa façon de travailler. L'industrialisme intensif de notre époque a donné le coup de grâce à la solidarité économique dans la famille ouvrière : les enfants et la femme ignorent souvent à quel genre de labeur est astreint le travailleur ; ils ne connaissent que l'apport du salaire ; dès qu'ils le peuvent ils travaillent chacun de son côté avec la même indépendance à l'égard du reste de la famille ; n'ayant plus que de vagues préoccupations communes ils en viennent aisément à n'avoir ni pensées communes, ni sentiments semblables ; leur séparation morale s'accentue donc tous les jours du fait de la transformation des procédés industriels.

Le trafiquant n'a jamais été attaché à sa famille de la même façon que le paysan et l'ouvrier : son négoce l'absorbe ; il dépend surtout de sa clientèle qu'il lui faut satisfaire, à laquelle il lui faut plaire ; ainsi tourné presque constamment vers l'extérieur, il abandonne à sa femme la plupart des problèmes domestiques et il lui laisse le soin de les résoudre dans une certaine indépendance ; ses déplacements obligatoires, ses ententes ou conflits avec d'autres trafiquants lui imposent d'autres modes d'influence réciproque que ceux du milieu domestique, dans lequel il vient chercher surtout le repos, le délassement, l'oubli des affaires. D'ailleurs les commerçants deviennent presque fatalement des êtres absorbés par le souci du gain et hypnotisés par la puissance de l'argent ; plus ils étendent leur négoce, plus ils sont disposés à sacrifier tout autre intérêt à celui du succès dans les affaires, et c'est pourquoi on les voit se détacher de plus en plus de leur famille ; les grands trafiquants ont presque toujours contribué à la diffusion du luxe et de la débauche, deux antagonistes de la vie normale au foyer domestique. Seuls les petits boutiquiers qui intéressaient femme et enfants à leur négoce souvent honnête faisaient nettement exception ; mais l'extension des entreprises commerciales a tué le petit commerce comme les grandes usines ont ruiné la petite industrie, et le fils du boutiquier est devenu commis de grand magasin en attendant de pouvoir spéculer pour son compte : il vit activement hors du foyer et pense bien plus à son comptoir qu'à sa propre maison. A côté de l'employé de commerce se place le fonctionnaire qui est lui aussi absorbé par son travail de bureau, par sa besogne administrative : la fonction publique le prend presque tout entier et il n'y intéresse généralement sa femme et ses enfants qu'en vue d'un avancement qui augmentera les ressources communes. Le nombre croissant des commis de grands magasins, des employés de commerce, voyageurs, représentants, courtiers, etc., des employés de banque ou d'administration, des fonctionnaires publics, explique fort bien. le nombre croissant des ménages où la vie domestique manque d'intensité, de qualité, d'intérêt.

L'activité économique moderne a éloigné matériellement de leur foyer bien des hommes qui eussent été heureux de vivre la vie familiale : les marins partent pour de longs mois, les mécaniciens des chemins de fer pour plusieurs jours, ainsi que les inspecteurs de diverses catégories ; les coloniaux n'amènent pas toujours leur femme et leurs enfants dans les possessions lointaines où ils se créent parfois comme un foyer provisoire... Plus les échanges internationaux prennent d'importance, plus nombreux sont les hommes astreints à mener une existence à laquelle les joies intimes font défaut. Pendant les trop longues absences du mari, la femme s'ennuie, la discipline se relâche, les enfants contractent de fâcheuses habitudes d'indépendance. Mais ce mal est de peu d'importance en comparaison de celui que fait à la famille une évolution économique tournée vers l'incitation à de nouvelles dépenses, vers la production artificielle de nouveaux désirs et besoins, vers le gain à tout prix en vue du luxe, du confortable, de l'apparat, de la puissance par la fortune ou le crédit. Ce qu'on appelle augmentation de la richesse publique est particulièrement funeste à la vie de famille ; la misère sans doute débilite, ruine les énergies, décourage même de l'effort en commun, entraîne la dispersion des êtres qui ne peuvent plus subsister ensemble et qui sont bien contraints de se dévouer, les plus valides aux plus infirmes ; mais le dévouement des émigrants, alors même qu'il n'est pas suivi de retour au foyer, crée un lien puissant entre eux et ceux qui restent, entre ceux qui en bénéficient en commun ; il y a dans la dispersion par la misère, dans la ruine du foyer par la faim un effet malheureux de la lutte pour l'existence, rien de plus ; tandis qu'il y a dans la dispersion pour le gain, le lucre, le succès, un effet de la cupidité et de la prédominance d'appétits sur les sentiments de tendresse naturelle. La soif de richesse, corruptrice des consciences, est entretenue par la production économique mise en valeur par la réclame et exploitée par le mercantilisme. Le désir de bien-être matériel et de luxe rend la femme indifférente à la misère physiologique du mari qui ruine sa santé pour accroître les revenus du ménage ; la fille indifférente à la fatigue de parents qui s'agitent ou se privent pour lui procurer des toilettes séduisantes ;

le fils indifférent aux soucis qu'entraînent ses dépenses exagérées. De l'indifférence de cette nature à l'éloignement complet de toute affection, de tout sentiment familial, il n'y a qu'un pas. Or combien de ménages ne sont-ils pas désunis, avant de le paraître, uniquement par suite de l'aberration de la femme entraînée au luxe pour elle et pour ses enfants par des amies ou simplement par l'étalage suggestif de la richesse dans la rue, les salons ou les grands magasins ? La fréquentation des galeries où toutes sortes d'objets inutiles tentent la Parisienne désœuvrée est plus qu'on ne le croit généralement une cause de désintégration familiale. La fréquente venue des habitants de la banlieue à la grande ville voisine, la flânerie dans les rues aux magasins étincelants ou richement parés, contribue largement à la désorganisation lente des ménages ouvriers et paysans : c'est l'appât du gain qui attire dans les villes les ouvriers et employés obligés d'abandonner toute la semaine leur femme et leurs enfants, afin d'apporter le samedi soir la paye dont une partie sera employée à satisfaire des besoins factices, à entretenir un esprit nettement contraire aux bonnes mœurs.

La corruption par l'argent est d'autant plus aisée que les fortunes s'édifient plus vite par la spéculation, l'accaparement, les grandes entreprises hasardeuses, les négoces aventureux. Or, depuis le milieu du xix⁰ siècle, de très grandes fortunes se sont rapidement édifiées grâce au progrès scientifique et industriel, à d'habiles concentrations de capitaux et à une meilleure utilisation de toutes les ressources naturelles. Les salaires ont crû d'abord lentement, puis à certaines époques avec une rapidité vertigineuse, correspondant à celle avec laquelle croissaient des fortunes surprenantes et inquiétantes. La corruption des femmes et des jeunes filles a désolé bien des foyers, a ruiné bien des familles, a éloigné du mariage et de la vie normale des êtres faibles qui sont devenus à leur tour des agents de corruption et de démoralisation féminine ou masculine. La prostitution croît partout avec le luxe et la richesse ; elle entretient l'aversion des jeunes gens pour les charges de famille, des hommes mariés pour la discipline qu'impose la vie domestique, des femmes pour une trop étroite dépendance et pour les humbles besognes. La galanterie entraîne les hommes à l'oubli de leurs devoirs et de leur dignité pour les acculer ensuite à de cruelles défections. Elle est souvent entretenue par les revenus et l'apport dotal des femmes légitimes.

Mais la dot elle-même peut être une source de désintégration familiale : à Rome, ce fut surtout pour conserver à la femme la dot que lui constituait son père qu'on renonça de bonne heure aux modes de mariage anciens, *cum manu* ; les biens de l'épouse restaient entre les mains et sous l'administration de son père ou de son tuteur ; il en résulta vite une grande indépendance de fait pour les matrones riches ; le mariage devint une affaire que les parents des jeunes fiancés traitaient alors que ceux-ci étaient encore enfants et en vue de leur assurer la plus large aisance ou l'opulence ; aussi de telles unions avaient-elles souvent une courte durée et se terminaient-elles par des séparations devenues si nombreuses au temps d'Auguste qu'elles ne provoquaient aucun étonnement, tout au plus parfois de la curiosité. Le mariage qui vise uniquement à la mise en commun de ressources matérielles pour une existence de luxe, d'oisiveté ou de jouissances, contient en germe les désaccords, les soupçons injurieux, les révoltes et la tendance à la séparation. L'union conjugale traitée comme une affaire d'argent risque de se terminer comme toute affaire où des intérêts opposés s'affrontent ; c'est pourquoi aux époques où le mercantilisme prédomine, où le souci du succès, de la fortune, de l'apparat, l'emporte déjà sur celui de l'existence calme et heureuse dans l'accomplissement de fonctions normales, les mariages « d'argent » devenant fatalement plus nombreux que ceux dits d'inclination, les ménages désunis doivent aussi être plus nombreux : ce que l'observation permet de vérifier. Ce n'est pas que l'imprévoyance des amoureux soit une garantie de stabilité de l'union [1] : les mariages dans lesquels on n'a pas suffisamment prévu les difficultés de la vie matérielle aboutissent vite eux aussi à des disputes ou à des malentendus aggravés par la difficulté où l'on se trouve de résoudre les problèmes d'ordre pécuniaire ; la misère aigrit les meilleurs époux et rend bien dur à porter le fardeau commun des charges de famille d'abord accepté avec allégresse. Mais entre le froid calcul intéressé de part et d'autre, ou d'un côté seulement avec duperie de l'autre, et l'insouciance ou plutôt l'inconséquence, il y a place pour bien des mobiles et motifs acceptables aboutissant à des mariages raisonnables, à des unions

1. Les statistiques montrent que les mariages de mineurs, ordinairement « mariages d'inclination », aboutissent à la désunion plus fréquemment que ceux des personnes un peu plus âgées, soucieuses de s'assurer les ressources indispensables. Mais le mariage tardif des hommes qui attendent d'avoir une « belle situation » en harmonie avec la dot à laquelle ils prétendent, ne donne guère de meilleurs résultats dans l'ensemble. Les unions les plus stables sont celles d'hommes de vingt-cinq à trente ans avec des jeunes filles de dix-huit à vingt-trois ans.

capables de résister aux fréquents heurts, inévitables
dans la vie conjugale. Elles deviennent d'autant moins
nombreuses, ces unions qui ont de sérieuses chances
de durée, que les questions économiques jouent un plus
grand rôle dans les préoccupations des gens de toutes
catégories : le paysan, l'ouvrier, l'employé, le fonctionnaire, l'industriel, le commerçant, envisagent les choses
à venir avec un effroi que ne connaissait pas la vaillance
de leurs pères, plus confiants en eux-mêmes et dans
l'heureuse issue d'entreprises laborieuses ; ils entendent
que la femme apporte dans leur existence des ressources
suffisantes pour son entretien plus ou moins luxueux
et pour celui des enfants ; tandis que les jeunes filles
pratiques exigent que le mari leur assure le luxe et le
confort dont elles rêvent. De leur côté les parents sont
mal disposés à accueillir le gendre ou la bru qui n'a
que de médiocres moyens d'existence. On entre ainsi
en ménage avec de mauvaises dispositions réciproques ;
et quand viennent les jours sombres, on est mal préparé
à supporter les épreuves : on s'éloigne moralement ou
l'on se sépare effectivement. Quant aux enfants qui se
sentent assurés d'une fortune suffisante, non seulement
ils se dispensent du travail qui assurerait leur valeur
morale autant qu'intellectuelle ou technique, mais
encore ils perdent rapidement le contact avec leurs
parents ; ils vont un peu à l'aventure, les poches
bourrées de monnaie, font l'apprentissage de la prodigalité, en même temps oublient le peu d'affection
et de respect qu'ils avaient pour ceux en qui ils ne
voient plus que des fournisseurs d'argent (à exploiter
hypocritement ou cyniquement, selon les tempéraments).
Le mariage en général les tentera fort peu ; le célibat leur

paraîtra mieux convenir à leur désir de complète indépendance et de jouissances égoïstes ; ils redouteront les charges de la paternité et ne se feront pas faute à l'occasion de travailler à la désagrégation du ménage d'autrui.

La complexité des relations économiques permettrait d'assigner une grande variété de causes à la diversité des modes de relâchement du lien familial : on montrerait aisément ce lien se relâchant moins dans les régions où les communications avec les grands centres sont plus difficiles, dans les pays où la production agricole est plus intense grâce au labeur de tous et non grâce à la fertilité du sol (qui est au contraire une cause de désintégration, par suite de l'aisance générale et du moindre effort de perfectionnement individuel et collectif); on pourrait indiquer comment un nœud de voies de communication, ferrées ou ordinaires, contribue largement à transformer rapidement un bourg de familles unies et à mœurs presque patriarcales en une petite ville où la prospérité économique entraîne la débauche des jeunes gens, des hommes mariés, des femmes et jeunes filles, et le désarroi dans presque la moitié des ménages : le nombre de séparations, de divorces, d'abandons du foyer et des enfants y croît dans la même proportion que le chiffre des affaires.

Des milliers de monographies, d'enquêtes et de statistiques aboutiraient en définitive à la confirmation de cette loi sociologique : l'évolution progressive de l'activité économique, tendant à augmenter la richesse publique, les besoins factices, l'appétit du gain, le désir de la fortune, entraîne un accroissement correspondant des risques de dissolution familiale et une aversion croissante des individus pour l'accomplissement des devoirs ou pour l'acceptation courageuse des charges de famille, par conséquent un éloignement respectif, de plus en plus marqué, des éléments constitutifs de l'agrégat domestique normal.

.˙.

L'élargissement de la vie politique n'a pas moins été funeste à l'intégration familiale que l'élargissement de l'activité économique. Une autorité patriarcale tyrannique, excessive, n'était guère possible que dans la tribu ou dans l'ancienne cité composée d'un petit nombre de grandes familles : l'Etat n'était presque rien en dehors des chefs d'agrégats domestiques, rois chacun.en son domaine et gardiens solidaires des institutions favorables à l'exercice de leur pouvoir despotique. Le « paterfamilias » disparut en fait dès que l'Etat se constitua et s'affirma protecteur des individus, esclaves ou libres, de tout sexe et de tout âge, au sein même de la maison. Si la grande famille put renaître sous le régime féodal, c'est précisément parce que les seigneurs vivaient assez à l'écart les uns des autres pour qu'aucune autorité supérieure ne vînt leur contester une autorité que naturellement ils exagéraient. Les cités formées de trafiquants, les communes d'artisans et de bourgeois, ne connurent que très imparfaitement le despotisme patriarcal, bien que les familles fussent obligées par les conditions économiques et politiques de s'intégrer aussi fortement que possible, même dans les agrégats non patriciens ou seigneuriaux : autre chose est le respect quasi-religieux du chef de communauté non contrôlé, maître de droit divin, autre chose est le respect moral, nuancé d'affection et de confiance, du guide, du conseiller, héritier de l'expérience ancestrale, maître des destinées de la maison de par la fonction qu'il exerce avec le plein assentiment de tous. Si la famille israélite a conservé son ancien caractère patriarcal, n'est-ce pas à cause de l'étroite solidarité, imposée aux petites colonies juives dispersées aux quatre coins du monde par l'hostilité persistante des milieux ? La famille israélite a son maître, lui-même soumis au chef religieux quant à l'observation des rites et des coutumes, mœurs ou traditions de la vieille souche ; le père gouverne et dispose de tous les membres, au besoin sans leur assentiment, parce qu'il est le représentant de Jahveh et de l'élite, parce que son autorité est sanctionnée par les préceptes religieux toujours respectés. Cependant on constate l'affaiblissement graduel de l'autorité paternelle et patriarcale chez les Juifs à mesure qu'ils s'unissent plus étroitement aux autres éléments de la population européenne, qu'ils sont tenus à moins de vigilance et de précautions pour assurer leur tranquillité et leur négoce ou leur action, individuelle ou collective, sur le milieu devenu indifférent ou favorable ; les survivances des mœurs anciennes passent à l'état de simples formalités, de gestes rituels, de manifestations tout extérieures de respect et d'obéissance. Il en a été de même dans toutes les communautés domestiques qui se sont peu à peu assimilées les unes aux autres ; moins elles ont été isolées, plus l'autorité du chef s'est affaiblie. L'affaiblissement a été graduel partout où la société a évolué lentement de la juxtaposition de familles puissantes à la fusion de communautés en quelque sorte plus perméables ; il a été précipité partout où la société a passé brusquement d'un régime de castes et d'agrégats imperméables à un régime populaire, plébéien, égalitaire.

L'endogamie au sein de la tribu (avec exogamie entraînée par la parenté religieuse et l' « horreur de l'inceste », au sein du clan), encore proscrite aux Israélites les plus fidèles à la tradition et qui a laissé comme trace persistante l'aversion aristocratique pour les mésalliances, favorisait le régime des castes et des grandes familles : le mépris des prohibitions en matière d'union conjugale fit une première brèche dans le système. Or ce mépris ne pouvait que croître avec l'établissement de relations plus suivies avec des peuplades éloignées, par les voyages et surtout par le trafic. Les cités commerçantes donnèrent l'exemple de mœurs familiales en opposition avec la rigueur des prescriptions religieuses et le prestige de l'autorité patriarcale. A Rome, la plèbe ne tarda pas à opposer à l'aristocratie son esprit déjà égalitaire et niveleur, son mépris du culte des ancêtres et des formalités religieuses dans la constitution de la famille ; et comme la richesse passa du côté des affranchis à l'âme plébéienne, et avec la richesse le pouvoir, les mésalliances devinrent plus nombreuses, la fusion des diverses classes plus aisée. Dans l'Europe occidentale, la bourgeoisie grandissante opposa à l'esprit nobiliaire de famille le dévouement à la cité, à la chose publique (res publica) ; et comme elle aussi devint peu à peu la principale puissance au point de vue économique, elle réussit à faire triompher une organisation politique que la Révolution française consacra. L'État l'emportait finalement sur la communauté fermée, soucieuse de conserver plus encore ses privilèges que ses traditions.

Il faut reconnaître en effet que la famille traditionnelle se ruina elle-même par les excès d'une solidarité trop étroite et trop exclusive : elle visait trop à subordonner l'individu aux intérêts de la communauté, et ne craignait pas de sacrifier à l'honneur collectif, entendu souvent d'une façon parfois inhumaine et généralement conventionnelle, les sentiments les plus légitimes de la personnalité ; elle cherchait à accaparer le plus possible de puissance au détriment de la justice, de la fraternité, du progrès social et de la force de la Cité ou de l'État ; elle entretenait l'esprit de représailles parfois féroces (vendetta) et l'esprit de classe qui ne faisait qu'un avec « l'esprit de privilège ». Au xviiie siècle, la femme et les enfants y étaient souvent traités comme des possessions du seigneur et maître, trop assuré de la complaisance du pouvoir royal quand il s'agissait du maintien d'une autorité tyrannique. Le père de Mirabeau avait envoyé au couvent sa femme et ses filles, avait exilé son fils et regrettait de ne pouvoir faire davantage encore pour affirmer son omnipotence domestique. Comment tous les sentiments affectueux, toute confiance, tout élan généreux, n'eussent-ils pas été ruinés par une tyrannie odieuse ? En proie à des dissensions intestines, l'agrégat familial était sapé du dehors par tous ceux que révoltait son indifférence pour le bien public. La cause de la justice se confondait avec celle de la légitime indépendance et du respect des personnes morales.

La monarchie de droit divin était depuis longtemps critiquée comme correspondant à une conception surannée ; la religion avait perdu de son prestige ancien à se prêter trop complaisamment au maintien des privilèges exorbitants et à la consolidation de toutes les tyrannies. Les hiérarchies d'autrefois ne subsistaient que par une sorte de violence : elles n'apparaissaient à tous ceux qui pensaient et jugeaient librement que comme des survivances peu respectables. La constitution monarchique de la famille devait donc succomber en même temps que le pouvoir dit absolu des rois et que les oligarchies nobiliaires ou administratives. Les enfants et la femme tendaient à s'affranchir comme les sujets aspirant à devenir de libres citoyens. Le libéralisme, que l'esprit pratique des Anglais avait substitué à l'autoritarisme, préparait l'individualisme égalitaire. Tout pouvoir paraissait devoir venir d'en bas au lieu d'être établi d'en haut. La bourgeoisie triomphante posa des principes de liberté, égalité et fraternité, partout accueillis avec enthousiasme par les opprimés de toute catégorie, et qui étaient nettement inconciliables avec le maintien du régime patriarcal dans la famille, quelque atténuation qu'ait subie ce régime au cours de l'évolution antérieure. En vain on essaya de réagir au commencement du xix° siècle contre les idées égalitaires au nom desquelles s'était faite la Révolution. Les apologies de la forme traditionnelle restèrent purement théoriques et se heurtèrent à des doctrines qui préconisaient même ce que Proudhon appelait dans un ouvrage posthume le « Pornocratie »; la question souleva des polémiques violentes entre conservateurs, catholiques ou positivistes, et les novateurs ou « réformateurs » saint-simoniens et fouriéristes, « préoccupés d'assurer la liberté à toutes les passions ou de réserver à leurs papes de singuliers privilèges ». Mais les théories ne pouvaient rien contre l'évolution naturelle des sociétés : l'individualisme plus ou moins inconséquent poursuivait son œuvre; la désintégration familiale se précipita dans les villes d'autant plus que la densité de la population industrielle y était plus grande, et y favorisait la production de courants plus marqués d'opinions politiques démocratiques ou démagogiques.

Entre l'individu et l'État, à la place de la famille, la vie politique contemporaine met le syndicat, l'association professionnelle ou confessionnelle ou politique (voire scientifique ou artistique), le comité, le club, le cercle, la ligue, bref un mode de solidarité beaucoup plus instable et moins exigeant que celui de la vie domestique intense. Le citoyen vit beaucoup plus pour le dehors qu'au temps où il n'était encore que le sujet soumis à une autorité le dispensant du souci des affaires publiques : on avait déjà vu en Grèce l'opposition de la participation quasi-obligatoire à l'administration de la cité et du soin des affaires domestiques, de l'amour du foyer, de la sollicitude pour les enfants.

D'autre part les conceptions égalitaires portent la femme à faire valoir ses droits de personne raisonnable pour réclamer sinon une participation à la vie politique, du moins plus d'indépendance à la maison et hors de la maison. « Dans les républiques, avait écrit Montesquieu, les femmes sont libres par les lois et captives par les mœurs ; le luxe en est banni, et avec lui la corruption et les vices. » Mais si cette remarque peut s'appliquer à la république idéale, elle ne vaut pas pour les formes mixtes auxquelles les meilleures démocraties semblent condamnées, et où la liberté reconnue aux femmes n'a pas pour contre-poids la sévérité de l'opinion publique en matière de mœurs.

Le régime des nations occidentales est devenu de plus en plus, à mesure que la presse devenait plus puissante, celui de l'opinion publique, toujours instable et aisée à égarer. Or, les conceptions et convictions les plus répandues sont en faveur de la plus grande indépendance laissée aux femmes et de l'indulgence croissante en matière de moralité domestique.

Elles sont également favorables à une plus grande indépendance des enfants et à toujours plus d'indulgence pour leurs défauts et leurs caprices : le peuple n'aime pas que l'on se montre sévère en ce qui concerne l'éducation du futur citoyen ; il aime qu'on témoigne autant de sollicitude à l'enfant du travailleur qu'à celui du bourgeois ou de l'aristocrate, mais sans avoir le souci d'une préparation à une vie d'honneur, de loyauté ou de bravoure ou de grandeur. La démagogie ne reconnaît pas les aïeux et ne saurait demander aux jeunes gens d'avoir pour le passé quelqu'estime à défaut de respect : l'esprit révolutionnaire s'oppose à l'esprit conservateur jusque sur le terrain de la formation intellectuelle et morale, et par réaction contre l'abus du principe d'autorité il exige que l'on soit plutôt porté à dénigrer les anciens, à commencer par ceux que les grands-parents ou les pères purent estimer le plus : les railleries à l'adresse du passé en général atteignent les antécédents domestiques eux-mêmes et font qu'il est de bon ton de ne point prendre en considération les avis paternels ou les préférences maternelles comme suspects d'inspiration déjà rétrograde. En revanche, la démocratie vise à l'avenir, mais à un avenir collectif qui n'est pas celui d'une famille ou d'un petit nombre de grandes familles, qui intéresse toute la cité ou toute la nation, parfois l'humanité entière. Les enfants sont donc amenés à travailler avec la plus grande ardeur à se faire une place comme facteurs de progrès social au besoin en sacrifiant les affections familiales. Les peuples contemporains sont de plus en plus patriotes et même chauvins à certains moments d'exaltation commune : l'antagonisme entre les intérêts domestiques et les intérêts nationaux n'en est que mieux souligné. Ainsi à mesure que l'horizon politique de l'individu s'élargit, il est conduit à jeter un regard plus dédai-gneux sur le petit groupement élémentaire qui le rat-tache à un tout petit coin de terre : la disparition des provinces subdivisées en « pays » où « tout le monde » parlait le même dialecte et se pliait aux mêmes cou-tumes, avait les mêmes mœurs, a été encore une cause de désintégration familiale ; on voit en effet les vieilles conceptions domestiques prévaloir encore dans les régions les plus isolées (soit géographiquement, soit par survivance de l'esprit de clocher et rattachement à de petites capitales déchues), tandis qu'elles se sont modifiées promptement partout où l'intégration des anciennes divisions territoriales dans la grande patrie a été particulièrement aisée et rapide.

En résumé, l'évolution politique des peuples mo-dernes est partout d'autant plus défavorable à la con-solidation du lien de famille que les tendances démo-cratiques ont reçu une plus complète consécration par les manifestations de l'opinion publique et ont abouti à une homogénéité plus complète des grandes nations, homogénéité qui implique une différenciation préalable des anciens agrégats locaux et domestiques. L'autorité de l'État a crû dans la mesure où celle du père de

famille, des parents et grands-parents, de la tradition
particulière, diminuait, laissant plus d'indépendance à
la femme et aux enfants. La solidarité fondée sur « les
liens du sang », sur la parenté à tous ses degrés, sur
l'entr'aide des frères, cousins et neveux et de leurs
alliés, aboutissant à une réaction en commun contre
l'adversaire quel qu'il fût, contre l'ennemi de l'honneur
ou contre l'obstacle au profit escompté par tous les
associés, cette solidarité qui subsiste encore en Corse et
dans d'autres sortes d'îlots sociaux, tend à s'évanouir
dans la mesure où croît la solidarité politique à très
grand rayon d'action, source de passion nationaliste,
impérialiste, de patriotisme et d'humanitarisme.

CHAPITRE IV

CAUSES MORALES, LÉGISLATIVES ET JURIDIQUES
DE L'AFFAIBLISSEMENT DU LIEN DE FAMILLE

Rien ne touche de plus près à la famille que les mœurs, ces façons communes d'agir, de se comporter, qui se retrouvent à peu près les mêmes chez tous les individus relevant de la même civilisation en un temps et en un lieu donnés. Les mœurs exercent sur chacun une pression d'autant plus efficace que ceux qui les adoptent ou les subissent sont plus nombreux dans le temps et l'espace : la contrainte ainsi exercée tient souvent lieu de loi civile et morale, et elle peut se manifester par des réactions passionnelles de la multitude contre celui qui ne s'y conforme pas ou ne met pas sa conduite privée en harmonie avec les mœurs publiques. Ce qui n'entre pas dans les mœurs par la voie de la coutume et de la tradition a beau être prescrit par la loi civile ou par le pouvoir politique : la règle reste lettre morte tant que la grande majorité des individus n'a pas pris l'habitude de s'y soumettre et refuse de l'admettre comme prescription des mœurs. Avant qu'il y eût des lois écrites, des codes, il y avait des mœurs qui étaient une garantie d'ordre social : la constitution primitive de la famille repose exclusivement sur elles.

Mais ces habitudes de « comportement » collectif,

bien que relativement stables, varient lentement de génération en génération, certaines exigences s'accentuant tandis que d'autres tombent en désuétude ; de plus elles sont différentes pour des lieux distincts ou éloignés, et elles subissent visiblement l'influence des climats, des conditions matérielles d'existence. C'est pourquoi le lien de famille est bien différent en Orient de ce qu'il est dans les pays du Nord de l'Europe ; il varie sensiblement avec la latitude et la longitude : la polygamie orientale correspond à une institution normale pour les contrées où le nombre des femmes est plus grand que celui des hommes et où la question de la dignité personnelle ne se pose pas encore pour des êtres essentiellement voluptueux.

D'autre part les mœurs d'un peuple changent à mesure que les autres peuples de coutumes et tempéraments différents se rapprochent de lui et offrent à l'imitation des individus et collectivités des façons plus ou moins différentes de se comporter. Les relations de plus en plus variées et fréquentes établies entre les grandes nations occidentales et entre l'Europe et l'Amérique ont amené une compénétration des peuples qui se traduit par des modifications parfois très sensibles en un siècle (ou moins encore) dans les mœurs politiques, économiques et familiales. La civilisation contemporaine tend à une grande homogénéité de certaines façons collectives de penser, sentir et agir, qui implique dissolution préalable des mœurs différentes et par conséquent disparition des formes anciennes d'existence commune devenues incompatibles avec les modes nouveaux. Les conflits de peuples, qui souvent proviennent d'un antagonisme des mœurs, amènent une assimilation parfois au profit des tendances directrices des agrégats vaincus. Pendant la guerre, les oppositions s'accentuent ; mais réagir, c'est encore subir l'influence de ce qui provoque la réaction ; et quand vient la paix, le champ de l'imitation, des suggestions, des amalgames se trouve singulièrement élargi. Tout contribue donc à modifier les mœurs des nations, le commerce comme la guerre, les rivalités comme les accords, les oppositions violentes comme les lentes pénétrations pacifiques : la constitution familiale ne peut pas échapper à des transformations qui l'altèrent profondément en un temps d'autant plus court que les échanges d'influences sociales les plus diverses sont plus rapides.

Les collectivités primitives, très homogènes, ne se ressemblaient pas toutes ; mais leur diversité tenait surtout aux conditions naturelles d'existence, aux ressources locales qui imposaient la chasse, la pêche ou l'élevage, l'agriculture, ou la vie nomade ou l'existence prédatrice des guerriers, aux divers climats qui prédisposaient à des mœurs différentes, à plus de discipline et d'ardeur dans la lutte pour l'existence en des contrées froides, à plus de mollesse, d'indifférence ou de résignation fataliste dans les pays chauds. Les conceptions communes d'ordre mystique variaient avec le mode d'imagination, tout autre dans les brumes septentrionales que sous les cieux étincelants de la Perse, de la Judée, de l'Arabie, aux bords du Gange que sur les rivages de la mer du Nord. Les mœurs familiales, solidaires de toutes les autres mœurs des peuples, différaient donc en raison des modifications imposées par l'adaptation à la nature humaine foncière : un labeur continu laissait peu de temps à la rêverie qui chez les

Hindous, les Perses, les Grecs, joua un rôle considérable, antagoniste de celui des préoccupations de la vie matérielle ; la femme avait un tout autre mode d'existence selon les exigences du lieu : ici, astreinte aux plus pénibles besognes et à tous les travaux que l'homme méprisait comme indignes de sa valeur ou abandonnait pour des expéditions fructueuses ; là, presque exonérée de tout souci et maîtresse au foyer ; les enfants se préparaient tout autrement à l'activité virile selon les mœurs des parents ; les vieillards étaient à charge en un point et honorés au plus haut degré en un autre. De nos jours, les milieux physiques continuent à exercer une influence sur les habitudes des milieux sociaux, avec l'atténuation que comportent les moyens de communication, d'échange, d'aide réciproque, d'interdépendance économique et politique : les mœurs des paysans ne sont pas celles des ouvriers qui diffèrent de celles des pêcheurs, des montagnards, des gens de la plaine ou des îles ; celles des gens aisés ou fortunés ne sont pas celles des misérables, et il y a certainement une grande distance entre le caractère social des Levantins et celui des Norvégiens. C'est ce qui rend plus difficile l'étude des conditions dans lesquelles l'amalgame se fait, et des causes morales du relâchement, à divers degrés, du lien de famille, dans les sociétés actuelles.

Il est des milieux dont les mœurs n'ont jamais été très favorables à la consolidation du lien familial ; d'autres l'ont été davantage : il paraît intéressant de rechercher dans quelle mesure les uns ou les autres ont successivement ou alternativement exercé une action prépondérante, nocive ou heureuse. Quand on parle des·mœurs des Egyptiens, des Grecs, des Romains, des Français, on oublie trop aisément que celles de Sparte n'étaient pas celles d'Athènes et que celles des Alsaciens, des Bretons, des Basques et des Provençaux peuvent présenter de notables différences si l'on considère les manifestations les plus divergentes de caractères collectifs aussi dissemblables : nous ne pouvons faire état que de types abstraits, en retenant les différences spécifiques les plus importantes pour notre étude.

Un type nettement opposé aux autres est celui du nomade, dont les mœurs sont déterminées en partie par des traditions d'origine fort obscure, souvent très incertaines, en partie et surtout par un perpétuel changement de milieu physique avec isolement du reste de la société. Les anciennes hordes nomades, qui comptaient un grand nombre d'éléments, se divisaient en tribus et en clans peu différenciés, sans familles distinctes : l'autorité du chef ou de l'aïeule commune (car une sorte de matriarcat semble avoir été assez fréquent) était indiscutée et tout l'agrégat réagissait violemment contre quiconque la méconnaissait tant soit peu. Actuellement les nomades vivent en groupes beaucoup plus restreints et n'observent pas une aussi rigoureuse discipline, bien que l'autorité appartienne plutôt au chef de bande qu'aux parents immédiats. Quand l'agrégat nomade se fixe, il introduit dans le milieu social où il pénètre une sorte d'aversion pour la vie régulière : en perdant le lien patriarcal, ou matriarcal, le clan perd tout sentiment du lien de famille et ne tend plus qu'à la dispersion. On peut le voir dans une ville, R....., qui sur 40.000 habitants en compte un quart au moins issus de

nomades; nulle part l'indépendance des individus à
l'égard de toute autorité et de tout sentiment familial
n'est plus manifeste; les unions libres, les « faux
ménages », les foyers en dissolution y sont proportion-
nellement plus nombreux qu'ailleurs; les parents n'y
montrent guère qu'indifférence pour l'éducation et la
moralité des enfants; les jeunes filles dévoyées sont en
nombre considérable; les femmes y manquent de tenue;
l'infidélité conjugale s'étale cyniquement. La ville est
devenue comme un centre d'attraction pour de nouveaux
nomades et pour des individus évadés de leur famille
et de leur milieu ancestral; le complet relâchement
des mœurs va de pair avec la désintégration sociale et
domestique.

Les nomades répugnent en général au travail; cependant en devenant pasteurs ils s'acheminent vers le
type inférieur des agriculteurs. Les tribus de pasteurs
sont encore fort nombreuses en Orient et en Afrique;
leurs mœurs se sont adaptées à une existence mi-nomade,
mi-sédentaire : le misonéisme et la xénophobie entraînent la stagnation, le maintien du type patriarcal dans
les agglomérations de familles vivant sur un pied
d'égalité sous la direction d'un patriarche expérimenté,
souvent chef religieux et politique. Même stagnation
chez les agriculteurs inférieurs généralement adonnés
à l'élevage et à la culture du blé ou des autres céréales
qui constituent la base de l'alimentation commune : le
régime patriarcal s'y complique de l'admission de familles
à demi serves, à demi associées, que l'expérience a mon-
trées incapables de subsister par elles-mêmes et qui ont
sollicité le « patronage » des agrégats plus puissants :
on en compte parfois huit à dix dans une même commu-

nauté. Ce régime est en général très dur pour les femmes auxquelles sont imposés les travaux les plus pénibles tandis que les hommes se délassent d'une culture très simple par la chasse ou les expéditions, suggérées par un esprit prédateur persistant. Mais son fonctionnement est difficile; il le devient d'autant plus que la densité de la population croît et entraîne la misère pour ceux qui ne se résignent pas soit à l'émigration, soit à l'isolement relatif avec culture plus intensive des terres. Le type familial correspondant à de telles mœurs est donc sans avenir. Il est voué à une lente disparition par suite de l'antagonisme avec les purs nomades ou les pasteurs et les civilisés.

Le type patriarcal ne se maintient chez les pasteurs agriculteurs de l'Europe septentrionale, par exemple en Finlande, que par suite de la simplicité des mœurs et d'une sorte de passivité, de résignation, d'absence de développement industriel et de relations avec les peuples voisins, d'isolement relatif des communautés sans véritable existence politique. Chez les agriculteurs slaves, la communauté de biens et de travaux est maintenue par des ressources suffisantes pour répondre aux besoins matériels de l'agrégat qui se dote lui-même des moyens industriels les plus simples. L'exploitation des terres se complique de « travaux accessoires : les membres de la communauté se livrent à l'abatage et au transport du bois de chauffage et d'éclairage, du bois à charbon, du bois de construction et de charronnage, à l'extraction et au transport des écorces de tilleul pour la fabrication des sandales... Les femmes confectionnent elles-mêmes les étoffes de laine, les vêtements de coton et les divers objets spéciaux d'habillement » (E. Demolins. Les routes du monde moderne). Quand l'émigration s'impose, elle n'est que momentanée et même périodique ; elle ne porte pas atteinte à l'attachement de l'individu à la communauté dont le principal lien est d'ordre économique, car les émigrants restent en agrégats distincts ou « artèles » sous la direction encore patriarcale de l'artelchnik, du cloutchnik et des starchi, représentants de l'autorité domestique. L'individualisme est une tendance à peu près inconnue des Slaves, routiniers et conservateurs tenaces, fatalistes, résignés, incapables de self-government en dehors des formes traditionnelles ; chez eux, comme le remarquait déjà Le Play, la vie de famille est préservée contre toute tentative de dissolution par les barrières que la communauté dresse contre l'action du dehors, quelle qu'elle soit. La chasteté des femmes s'y maintient « moins par le sentiment de l'honneur que par la précocité des mariages et par les bonnes influences de la vie de famille » ; la surveillance y est constante ; les occasions de faute grave plutôt rares. Mais on l'a déjà remarqué : le système d'éducation et de protection, qui ne vise qu'à abriter derrière des obstacles, et qui correspond à un régime autocratique masqué par une sollicitude excessive, n'est efficace qu'autant que l'automatisme social peut persister sans heurt ; au premier choc, la vigilance se relâche, l'autorité se perd, et l'anarchie morale apparaît ruinant la communauté, où jamais n'a existé un véritable esprit de famille.

Le caractère des Slaves les a empêchés de devenir des agriculteurs vraiment civilisés ; il a favorisé par son mysticisme foncier, par son aversion pour le changement et pour la vie intellectuelle, industrielle et politique, une stagnation qui est incompatible avec l'ensemble de l'évolution humaine et qui ne paraît actuellement pouvoir cesser qu'au prix d'un profond bouleversement social ; des sectes d'illuminés ont commencé une œuvre de dissolution familiale qui peut avoir les pires conséquences car elle aboutit par un érotisme mystique surexcité aux dépravations sexuelles et à des mœurs plus que licencieuses : il ne s'agit plus d'un relâchement du lien familial ; c'est d'une complète rupture de tout lien domestique que menace d'être suivie la ruine commencée du régime communautaire et patriarcal.

Les mœurs paysannes ont heureusement connu ailleurs une évolution lente sans doute, mais plus favorable au maintien de la solidarité familiale convenablement restreinte. Les populations agricoles du centre de l'Europe et de la région occidentale, fixées dans des pays fertiles, dans des vallées naturellement riches ou des plateaux capables de donner un bon rendement, ont été amenées à renoncer au régime communautaire, à disperser les habitations des fils adultes de la même souche, à constituer des domaines séparés dans lesquels s'est développé l'amour de la propriété privée et du travail régulier, rendu fécond par une habileté croissante et un effort continu pour la mise à profit des meilleures initiatives personnelles. Le passage s'est effectué par certaines modifications dont nous retrouvons la suite en Bulgarie : d'abord l'aspect de la famille patriarcale a été conservé selon un esprit traditionnaliste qui est commun à tous les peuples agriculteurs ; mais les mœurs familiales ont changé derrière la façade intacte. Le patriarche occupe toujours la place d'honneur et

reçoit toutes sortes de marques de respect, mais il a
perdu presque toute autorité en ce qui concerne la
direction du travail ; quand les circonstances l'exigent,
un conseil de communauté, dans lequel les jeunes gens
et même les femmes sont fréquemment admis, se réunit
et délibère sur les achats et ventes, sur les emprunts
ou prêts, sur les partages et les questions d'honneur
collectif : c'est un grand « conseil de famille », vestige
de l'ancienne solidarité, mais où personne n'a une prépondérance effective, où chacun est appelé à donner
son avis, où le plus humble peut formuler un veto qui
reste suspensif tant que les autres ne sont pas parvenus
à l'amener à leur opinion. Plus tard, le patriarche
sera élu et pourra être destitué ; bref on s'acheminera
vers la constitution d'une sorte d' « assemblée commu-
nale » analogue à nos conseils municipaux. Des mœurs
aussi égalitaires et respectueuses à la fois des traditions
et des « valeurs » nouvelles ont un effet considérable
sur la condition des femmes : la maîtresse de maison
dirige l'exploitation en ce qui touche de plus près à
l'activité domestique ; elle veille à la bonne éducation
des enfants et préside, aux côtés du patriarche aux
fêtes et aux réunions des longues soirées d'hiver. Les
autres femmes sont presque l'objet d'autant de marques
de respect que les vieillards de la part des enfants qui
ne se permettent ni jeux, ni plaisanteries devant leurs
parents. Ces mœurs semi-patriarcales, semi-démocra-
tiques, ne peuvent être modifiées que par un affaiblissement des sentiments de solidarité, résultat des
conflits d'intérêts privés. Or ces conflits sont d'autant
plus difficiles à éviter que l'âpreté au gain est plus
grande chez des travailleurs soucieux d'accroître leur

propriété privée. Le conseil de la communauté perd de son prestige auprès de tous ceux dont il contrarie les appétits et peu à peu il devient inutile parce qu'incapable de prévenir les dissensions et de mettre un terme aux rivalités exaspérées par la proximité des propriétés privées. La petite famille reste alors indépendante, relativement isolée, parfois dans un milieu hostile ; mais elle se concentre d'autant plus énergiquement, tous les membres serrés autour du père et de la mère.

C'est ainsi que presque partout le type des agriculteurs supérieurs se montre favorable à l'évolution qui nous mène jusqu'à la famille rurale contemporaine. Il faut que les mœurs paysannes se modifient profondément pour que les enfants cessent d'avoir à l'égard des parents une attitude pleine de déférence, que la femme cesse d'être la ménagère soucieuse de la bonne tenue de la maison et des enfants, absorbée par les soins de la vie domestique, conseillère autorisée de son mari. La modification est due surtout à l'infiltration lente dans la commune rurale, dans le petit bourg ou le village d'éléments étrangers, petits fonctionnaires et surtout ouvriers agricoles venus pour se mettre au service des grands propriétaires incapables de répondre avec les seuls membres de leur famille aux exigences d'une vaste exploitation. La désintégration de la famille rurale a sa source dans ce qui a fait la puissance de cet agrégat : l'amour du bien foncier, le désir de faire rendre à la terre le maximum de produits et d'agrandir la propriété tant estimée : pour avoir voulu accroître démesurément son champ d'action le paysan est condamné à introduire dans la maison des domestiques qui pendant longtemps sans doute seront dévoués aux intérêts de leurs maîtres et mériteront d'être considérés comme faisant partie de l'agrégat domestique, mais qui tôt ou tard opposeront leurs intérêts à ceux des propriétaires et constitueront dans la vie rurale les éléments réfractaires au maintien de l'autorité, au respect des traditions, aux habitudes de simplicité, de frugalité, d'économie, qui constituent la base des vertus domestiques à la campagne.

D'autre part l'âpreté au gain déjà signalée, et qui est bien une des caractéristiques de l'âme paysanne, engendre fréquemment l'avarice des parents qui exigent toujours plus de travail et exagèrent souvent la dépendance des femmes et des enfants, surtout des adolescents, à l'égard du chef de la communauté devenu avant tout chef d'exploitation. Le père de famille, exclusivement attaché à la réalisation de son désir d'expansion en est venu à se comporter en petit potentat agricole, réduisant parfois sa femme à n'être que la première des servantes et ses fils à n'être que les premiers de ses domestiques : l'avarice et la cupidité jointes à l'autoritarisme ont provoqué des réactions funestes à la bonne entente, à l'affection réciproque, à la confiance, à l'union durable des éléments constitutifs de l'agrégat paysan. Enfin le luxe des jeunes femmes et des jeunes filles, lasses d'être tenues éloignées des sources où la vanité féminine puise ses satisfactions, les a corrompues en nombre croissant : elles se sont détachées de la terre et en même temps de ces solides qualités qui distinguaient la femme paysanne en faisant d'elle comme le bon génie du foyer. En même temps le service militaire appelait parfois très loin de leurs villages les jeunes paysans qui sans cette obligation n'eussent peut-être jamais songé à en sortir : le soldat, alors même qu'il conserve sa rusticité, subit l'influence malsaine de la vie frelatée des villes de garnison, et quand il rentre à la maison paternelle il est fort peu disposé à subordonner sa volonté à celle de ses parents, ses intérêts personnels à ceux de la famille. Des personnes âgées qui ont pu suivre les progrès inquiétants de la désaffection juvénile pour la vie domestique aux champs ont noté avec précision ces progrès correspondant au nombre de jeunes gens revenus du service militaire, depuis l'époque où la durée de ce service était de sept ans, mais où le nombre des appelés était très restreint jusqu'au moment où toute la classe des hommes valides passait deux ou trois ans dans les garnisons. En grand nombre les assujettis ont constitué des ferments de désintégration familiale.

D'après ce qui précède on peut inférer une relation constante entre la puissance du lien de famille dans un pays et la quantité de paysans, agriculteurs du type supérieur, que comprend ce pays : plus l'agriculture est développée et prospère, plus les vrais paysans sont nombreux et conservent les coutumes et mœurs de leurs pères, moins la désintégration familiale est prompte, en dépit de toutes les influences exercées par les autres éléments. Les traits du caractère commun à la plupart des paysans contrastent assez nettement avec ceux qui dominent dans tout le reste de la population pour que les gens des campagnes soient longtemps réfractaires aux mœurs des villes : un antagonisme assez marqué subsiste entre laboureurs et ouvriers ou fonctionnaires ; cependant les façons de se comporter

des populations rurales qui habitent et cultivent les
riches vallées, auprès des rivières ou fleuves qui avoi-
sinent de grandes villes, forment comme la transition
entre les mœurs campagnardes et les mœurs urbaines;
et il faut reconnaître que le lien familial est de moins
en moins solide à mesure que la rudesse du tempérament s'atténue, que le caractère s'affine, que les
hommes deviennent plus sociables, les femmes plus
avenantes, les filles plus coquettes, les jeunes gens plus
élégants. Ceux qui ont dénigré les mœurs de « la
terre », ont surtout vu la dépravation de quelques paysannes entrées en contact avec les nombreux éléments
de corruption qui pénètrent dans tous les milieux ; ou
bien ils ont exagéré l'importance de certain laisser-
aller dans les relations entre individus des deux sexes,
surtout jeunes gens et jeunes filles, à la campagne :
ce laisser-aller n'atteint pas la constitution de la famille
paysanne, n'altère pas la confiance réciproque des
époux et ne nuit pas à l'affirmation de solides vertus
domestiques. Les séparations de personnes et de biens,
les divorces, les désertions du foyer conjugal et les
abandons d'enfants sont bien plus rares aux champs
que partout ailleurs, et ils l'étaient bien plus encore au
temps relativement récent où la famille paysanne
n'avait pas encore subi les rudes atteintes qui ont été
indiquées plus haut. C'est encore là que pourrait se
reconstituer le plus aisément un foyer domestique aux
éléments solidement associés. Les causes de dissolution indiquées agissent d'ailleurs moins efficacement
sur les familles paysannes du sud de l'Europe qui se
trouvent dans une situation spéciale par suite du climat, de l'abondance des fruits variés dont la récolte

dispense parfois de toute culture méthodique et assidue. Les mœurs des Espagnols, des Corses, des Italiens, des populations balkaniques qui bordent la Méditerranée, des îles gréco-turques, sont déterminées à la fois par la douceur de la température, le calme, la richesse et la beauté de la nature, et par la facilité avec laquelle, moyennant une grande sobriété et une médiocre dépense d'énergie musculaire, on peut goûter le bonheur. L'âpreté des vrais agriculteurs ne se retrouve plus dans ces gens aimables, hospitaliers, fins, souples, indépendants ; la propriété reste souvent indivise parce que moins estimée qu'ailleurs ; la fraternité repose sur beaucoup d'insouciance ; la solidarité s'étaye sur un besoin de vivre ensemble sans se gêner réciproquement, de s'entr'aider sans s'astreindre en commun à des efforts continus, de se sentir soutenu par la communauté sans y observer une trop stricte discipline. Les familles y ont conservé un peu des mœurs pastorales primitives ; mais la tribu, fixée, est devenue village et les petits villages ont même vu souvent leurs habitants se grouper en importantes cités, petites républiques indépendantes en proie, aussitôt que formées, à des rivalités de clans, à des jalousies de familles, dans lesquelles la vendetta ou quelque chose d'analogue a toujours joué un grand rôle, d'ailleurs au profit de la solidarité des groupes issus d'un même foyer ou d'un même village. La vie semi-urbaine, semi-rurale, n'a pas porté sérieusement atteinte à l'esprit traditionnaliste, à l'attachement aux vieilles coutumes, au respect des anciens usages : les superstitions sont vivaces, comme chez les anciens Romains, et par persistance de l'interprétation mystique (à défaut de recherches d'ordre quasi-scientifique qu'eût entraînées seul le développement des activités techniques). Le respect des anciens, des parents, participe de l'esprit traditionnaliste et de la superstition ; mais l'indifférence pour l'éducation des enfants, pour leur conduite, pour leur avenir, est caractéristique : chacun se tirera d'affaire comme il le pourra. Ainsi la vie domestique ne parvient guère à s'organiser sérieusement et la dissolution est d'autant moins apparente : en réalité la désintégration est permanente, mais peu sensible faute de forte intégration antérieure.

Les populations montagnardes sont peu denses, mais résistantes, robustes et de mœurs simples : les difficultés de la vie matérielle ont développé en elles l'habitude de l'effort individuel et collectif ; mais le peu d'espace cultivable ou utilisable pour l'élevage sédentaire a obligé les petites familles à s'éloigner les unes des autres tout en conservant la plus étroite solidarité permise par la distance et l'isolement relatif à certaines époques. Le lien de famille est resté très solide, comme le montre l'émigration temporaire ; des vertus domestiques, analogues à celles des agriculteurs supérieurs, se perpétuent dans la montagne avec un attachement très marqué au pays natal. Mais l'obligation d'utiliser avec le maximum d'ingéniosité des ressources parfois rares a singulièrement facilité l'essor d'un individualisme fondé sur le respect de l'initiative individuelle et des droits qu'elle comporte. Le montagnard est devenu promptement industrieux et partout où il le peut il se livre à des travaux accessoires qui demandent parfois une très grande habileté, comme ceux de l'horlogerie en Franche-Comté et en Suisse. Il s'achemine ainsi vers la vie industrielle qui aboutit à la concentration progressive en des centres appelés à devenir des cités à population trop dense. La dissolution de la famille vient ici, comme pour la communauté paysanne, de l'influence exercée sur les jeunes gens par le service militaire ou par les séjours prolongés dans des milieux bien différents, de la proximité de petits centres déjà corrompus par leurs rapports avec les grandes villes, de la substitution de mœurs plus raffinées à celles des rudes et tenaces ancêtres, de l'exceptionnelle âpreté dans la recherche des moyens de s'enrichir ou de se constituer un petit bien personnel, des rivalités et hostilités consécutives à la lutte pour l'existence matérielle en des régions où la concurrence est rendue funeste par l'exiguité des terrains et la modicité des ressources naturelles. Mais comme on l'a vu pour les nations composées en majorité de paysans, les pays qui comptent un grand nombre d'éléments montagnards non dissociés sont susceptibles de résister plus longtemps que les autres aux influences funestes à la solidité du lien de famille.

Les populations qui habitent les rivages des mers ou océans ont eu généralement pour unique ressource la pêche ; or les dangers de la mer ont développé de génération en génération un caractère particulier d'audace et de prudence, de hardiesse et de résignation, assez complexe malgré la rudesse et la naïveté, où l'amour du foyer domestique se combine avec l'appréhension de la grande puissance naturelle alternativement bénie et honnie. Les femmes des marins ont besoin de beaucoup de courage, de confiance, de fidélité : les croyances religieuses, les superstitions mêmes, secondent leurs espoirs mystiques ; les enfants sont élevés en vue du rude labeur futur ; les pères chérissent d'autant plus leurs épouses et leur progéniture qu'ils leur sont plus dévoués au péril de leur vie. Bien des facteurs contribuent donc à l'établissement d'une communion toujours renouvelée, entre les membres de l'agrégat familial. Une sorte d'isolement relatif préserve les villages de pêcheurs des influences malsaines ; lorsque comme en Bretagne, les traditions, les mœurs du pays environnant sont particulièrement favorables à la persistance des vieilles institutions et à la réaction parfois violente contre toute innovation sociale, la famille du pêcheur reste pendant de très longues périodes identique à elle-même : les fiançailles prennent une importance exceptionnelle, car elles se rattachent à la foi jurée qui devra rester la loi essentielle de la vie conjugale : les cérémonies religieuses de la naissance et de la mort comme celles du mariage auront le plus grand retentissement possible ; la natalité ne sera en rien diminuée par des calculs égoïstes ou d'excessive prudence ; le respect des vieux parents se rattachera étroitement à celui des traditions religieuses, politiques, professionnelles et domestiques. Mais le danger est celui de toutes les formes d'existence collective qui subsistent surtout grâce aux barrières élevées entre elles et le reste de l'action sociale : dès que l'isolement diminue, dès que les influences extérieures pénètrent par la moindre fissure, tout l'édifice est promptement miné : loin d'exercer une action sur la moralité générale, le rapprochement avec les autres éléments à tendances divergentes, est simplement funeste aux mœurs les plus estimables.

D'ailleurs les pêcheurs ne sont pas les seuls éléments

que l'on trouve sur le littoral : beaucoup de marins ont abandonné leurs familles et vivent dans les ports, partagés entre la vie à bord des bateaux et les séjours à terre, souvent loin de leurs proches. Ce sont souvent ceux qui appartenaient à des familles étroitement unies et respectueuses de toutes les traditions qui se montrent les plus prompts à fuir toute influence domestique, et s'ils se marient, à déserter le foyer conjugal. Il y a là non seulement une conséquence de la réaction contre une trop forte pression du milieu conservateur, traditionnaliste, formaliste, rigoriste, mais aussi un effet de l'hétérogénéité des milieux sociaux que le jeune homme traverse.

Les mœurs des peuples du Nord de l'Europe et de l'Amérique sont en général beaucoup plus favorables à l'intégration familiale durable que celles des Méridionaux : le climat rend les passions moins violentes, les hommes moins portés au despotisme qui résulte de la jalousie, les femmes moins coquettes, les enfants plus lents et disciplinés ; l'habitat est plus confortable : tandis que l'abri extérieur et le mobilier deviennent de moins en moins objets de soin, d'attention, à mesure que l'on s'éloigne des régions froides et humides, la construction des maisons devient en sens contraire plus soignée, le mobilier plus convenable, et les habitants se trouvent retenus davantage au foyer par les agréments de la vie matérielle qu'il procure. La femme prend en conséquence plus d'importance à cause de son rôle domestique ; l'éducation des enfants se ressent de l'influence maternelle et de celle des vieillards ; les générations successives sont plus rapprochées les unes des autres ; tous apportent plus de vigilance dans la

répression des écarts de conduite qui pourraient choquer les gens âgés, plus attachés aux traditions. Les
descendants des Saxons sont plus lents à s'émouvoir,
donc moins tentés par les nouveautés, moins indulgents
pour les caprices : leur lourdeur et le sérieux qu'ils
apportent en tout ce qu'ils font, les habitudes de médi-
tation et d'action réfléchie les prédisposent à une sorte
de « puritanisme » qui s'affirme non seulement dans
la religion, mais dans toute la morale. C'est ce puritanisme qui en dépit des tendances contraires, développées
par l'essor industriel et commercial, a fait la stabilité
de la vie familiale dans les pays scandinaves, germains,
canadiens, anglais et américains. On y observe généralement une grande correction, qui a parfois fait naître
un soupçon d'hypocrisie, car la réalité ne correspond
pas toujours aux apparences. En effet, l'individualisme
des Anglo-Saxons va se manifestant chaque jour
davantage à mesure que l'égoïsme entretenu par la
recherche du profit industriel et commercial se fait
jour plus ouvertement, parfois d'une façon cynique.
Les anciennes relations familiales subsistent dans la
forme ; au fond le désir d'indépendance est très grand
chez chacun ; les parents poussent les enfants dans la
voie du succès par l'effort personnel, en lutte avec
bien des intérêts collectifs : on estime généralement
que le bien public est la somme des avantages individuels se conciliant empiriquement, s'ils y parviennent.
Le traditionnalisme n'est estimé que dans la mesure
où il sert de base à de grandes audaces individuelles.

Le lien de famille s'affaiblit donc de plus en plus sensiblement dans ces populations où la natalité est plus
grande que partout ailleurs, mais où elle entraîne une

tendance à s'expatrier, à émigrer, à aller chercher plus ou moins loin de la maison paternelle le succès dans les affaires. On constate sans doute de notables différences en passant des pays scandinaves à l'Allemagne et à l'Angleterre et surtout aux États-Unis. La famille suédoise ou norvégienne résiste plus que les autres à la désintégration par suite de la survivance de traditions patriarcales ; la famille allemande, dont les écrivains de culture germanique vantent les vertus et la cohésion, doit sa force en grande partie à l'esprit de discipline qu'une éducation essentiellement militariste et mégalomane y maintient au profit d'une tendance à la domination universelle, d'un impérialisme pangermanique ; mais elle se dissout rapidement dans les cités ouvrières qui sont les centres de la vitalité d'outre-Rhin ; la famille anglaise, quand on l'observe non dans l'aristocratie et la haute bourgeoisie, mais chez le « peuple des petits boutiquiers », des ouvriers, des mineurs, des marins, des commerçants et des colonisateurs ne vaut pas mieux que celle du continent ; en Amérique, les « self-made-men » abondent qui ne doivent rien à leur famille et ont fondé des agrégats domestiques sans grande cohésion, où chacun fait profession de respecter sinon d'ignorer la libre activité d'autrui, où jeunes filles et jeunes gens ont la même indépendance et se conduisent en toutes circonstances selon leur propre inspiration. Les mœurs américaines sont mal fixées ; elles se ressentent d'un amalgame imparfait de toutes sortes de traditions et d'aspirations ; les milieux sociaux, hétérogènes par suite d'une incessante immigration, sont accueillants pour toutes les nouveautés ; les affaires priment tout et la ferveur religieuse, qui se manifeste par l'apparition incessante de nouvelles sectes aux croyances et conceptions parfois très bizarres, par une grande hétérodoxie, au hasard des inspirations mystiques, ne paraît être qu'une réaction contre un utilitarisme et un pragmatisme dont beaucoup voient l'étroitesse et l'insuffisance au point de vue moral. Au fond, l'anarchie est énorme et inquiétante pour tous ceux qui sentent qu'il est nécessaire de « socialiser » les individualités pleines de sève. L'américanisme familial est donc loin de répondre à un désir de solidarité morale des parents et des enfants : il a pour antagonistes, malgré ses concessions à l'indépendance personnelle, la solidarité des membres de clubs, de sectes, d'associations de toutes sortes, dont le nombre va croissant, solidarité souvent éphémère et aussi lâche que possible, mais assez grande pour soustraire les personnes à toute sérieuse influence domestique.

Partout, les mœurs subissent donc des transformations qui ont un retentissement sur l'esprit familial et paraissent aboutir partout à une désintégration plus ou moins rapide de la « cellule sociale », telle que les traditions patriarcales l'avaient constituée. L'ère des grands groupements nationanx est celle des assimilations et fusions d'esprits différents qui ne peuvent plus rester étrangers les uns aux autres à une époque où les communications sont devenues si promptes et aisées que New-York se trouve en fait aujourd'hui plus près de Paris, de Londres ou de Berlin que Rennes ne l'était de Paris il y a un siècle et demi. Aucun pays ne semble pouvoir échapper à cette assimilation qui amène une relative uniformité de croyances politiques, religieuses et morales. On peut seulement noter des différences de

vitesse dans ce changement. Les causes du retard, nous
les avons indiquées au fur et à mesure de nos observations éthico-sociologiques. Ce sont : l'imperméabilité
de certaines couches sociales, surtout paysannes, montagnardes, insulaires ; la lenteur des adaptations, surtout dans les pays du Nord ; les barrières plus ou moins
artificiellement opposées aux influences externes. Les
causes d'une prompte désagrégation ont été aussi indiquées : l'instabilité des mœurs en des pays comme les
États-Unis d'Amérique où les traditions font défaut et
où l'immigration est incessante ; les réactions violentes
contre l'absolutisme ou la tyrannie, la sévérité excessive des mœurs traditionnelles ; la proximité de centres
déjà corrompus ; les appétits individuels excités par les
mœurs mêmes ; l'introduction d'éléments étrangers dans
les agrégats les plus voués à la stagnation.

Il s'ensuit que dans un pays qui comme la France a
une population mélangée, faite de paysans, de montagnards, de marins, d'ouvriers, de commerçants, et qui
a été centralisée de bonne heure par une monarchie à
tendances unitaires, dont aucune région n'est susceptible d'échapper longtemps à l'influence des autres, dont
les éléments primitivement très divers exercent les uns
sur les autres une grande puissance de suggestion réciproque, où la solidarité nationale s'accroît sans cesse par
une « synergie » politique, militaire, économique, édu-
cative, — qu'en une telle nation les influences retarda-
trices et accélératrices peuvent se contrebalancer plus
ou moins longtemps jusqu'au moment où une crise profonde viendra décider en faveur des unes ou des autres.
Mais si l'évolution économique se poursuit dans le sens
de l'industrialisation croissante de l'activité du plus

grand nombre, avec concentration des populations ouvrières dans de grandes cités ; si l'évolution politique se poursuit dans le sens d'un égalitarisme plutôt libertaire ou d'un Etatisme hostile aux modes de solidarité restreinte, — l'accélération paraît inévitable, par suite de la transformation prompte des mœurs anciennes liées à un tout autre régime politique et économique.

CHAPITRE V

CAUSES MORALES, LÉGISLATIVES ET JURIDIQUES
DE L'AFFAIBLISSEMENT DU LIEN DE FAMILLE
(*Suite*).

La législation des Etats modernes a suivi nécessairement les modifications des mœurs. A la base de la famille est le mariage qui donna lieu d'abord à des cérémonies religieuses, mais qui exigea un contrat préalable à partir du moment où se posèrent des questions d'intérêts : contrat fixant soit la somme à verser par le mari, soit la dot apportée par la femme et établissant dans quelle mesure les biens seraient communs ou administrés soit par le mari soit par le père ou le tuteur de l'épouse, contrat tacite ou explicite, susceptible d'être remplacé par la règle commune s'il restait tacite, et incapable d'être en opposition avec le droit commun s'il était explicite. En intervenant ainsi entre les parties contractantes l'Etat ou la communauté s'arrogeait un droit qui n'a fait que s'affirmer avec le temps, celui de réglementer la vie conjugale, considérée comme d'intérêt public, et d'intervenir pour assurer le respect des engagements pris de part et d'autre, d'une façon tacite ou explicite, librement ou obligatoirement. Sans cette intervention de la Force sociale, il n'y a pas de droit : la famille n'a pas de fondement juridique ; le principe constamment observé est celui-ci : tout agrégat domestique constitué en dehors des formes prévues par la tradition ou la Loi est « hors la loi », n'intéresse pas la collectivité organisée, à moins que celle-ci n'y voie une offense à la morale publique et à la religion et n'intervienne pour faire cesser le concubinage défendu ; les enfants nés d'unions non sanctionnées sont considérés comme n'appartenant à personne, sont des « enfants naturels » auxquels des droits civils particuliers peuvent être contestés ; l'homme n'a aucun droit sur la femme qui n'est pas son épouse et sur les enfants qu'elle peut lui donner. Un tel principe peut être jugé d'une rigueur excessive : c'est cependant son application qui a jusqu'ici prévalu dans les grandes législations. Les Romains avaient atténué cette rigueur en considérant l'union qui avait duré au moins une année sans discontinuité comme pouvant être régularisée à la demande de l'un des intéressés : depuis rien d'analogue n'a été fait pour transformer les faux ménages en familles régulières si l'un des associés le souhaite dans son intérêt ou dans celui de ses enfants. Il est vrai qu'un mariage religieux célébré de la façon la plus simple et dans l'intimité est souvent tenu pour suffisant et répondant aux exigences de la collectivité en matière de consécration publique du contrat privé. Le législateur français s'est montré plus exigeant : il a estimé devoir sauvegarder les droits de la famille qui est censée admettre en son sein le gendre ou la bru, et il a subordonné en principe la célébration du mariage au consentement des parents ; mais en fait ce consentement est devenu de moins en moins indispensable et des retouches successives ont permis de le remplacer, sous certaines conditions d'âge, par une formalité, celle des « actes respectueux ». Une telle atténuation indique bien l'évolution dans le sens opposé au principe patriarcal (qui avait été respecté par la priorité donnée au consentement paternel, ou à celui de l'aïeul paternel en cas de décès du père et de la mère) : on a conservé les exigences relatives à la publicité par des « publications » préalables faites en temps opportun pour permettre toutes oppositions valables, et par la solennité de l'union légale ; les droits de l'Etat ont prévalu sur ceux de la famille.

Des anciennes prohibitions concernant le mariage quelques-unes seulement ont été conservées : la parenté religieuse n'est plus prise en considération ; le mariage n'est prohibé qu'entre tous les ascendants et descendants légitimes ou naturels et les alliés au même degré ; entre le frère et la sœur, légitimes ou naturels, et les alliés au même degré ; entre l'oncle et la nièce, la tante et le neveu. Les prohibitions peuvent être levées « pour des causes graves », par le pouvoir exécutif, seulement en ce qui concerne les beaux-frères et belles-sœurs l'oncle et la nièce, la tante et le neveu. Ainsi ont disparu légalement les entraves apportées par les croyances primitives, par l'esprit de caste ou par l'intolérance religieuse aux unions de personnes n'appartenant pas à la même religion ou à la même classe ou bien provenant de la même origine lointaine.

Le libre consentement des futurs époux est requis : il n'appartient donc plus au père de « donner » ou vendre sa fille, de choisir au fils sa future épouse, comme le veut encore la tradition judaïque, comme le permettaient les traditions de l'ancienne aristocratie. En principe, le mariage dépend exclusivement du choix des deux intéressés ; en fait, il en est le plus souvent ainsi,

par suite de l'indépendance croissante des jeunes gens ;
l'autorité paternelle en ce qu'elle avait de plus abusif
au point de vue individualiste est atteinte par cette disposition. L'égalité foncière de l'homme et de la femme
est reconnue, contrairement aux conceptions les plus
répandues naguère ; sans doute, la femme doit obéissance à un mari qui ne lui doit que protection, fidélité
et assistance ; elle est obligée d'habiter avec lui et de le
suivre partout où il lui plaît de résider ; mais l'homme
est obligé de fournir selon ses facultés tout ce qui est
nécessaire aux besoins de la femme ; et en fait, l'autorité maritale repose bien plus sur la soumission volontaire de l'épouse que sur une contrainte légale à laquelle
il est impossible de recourir sans cesse. Ce qu'il y a de
plus grave dans la sujétion actuelle de la femme en
France[1], c'est l'autorité qui revient au mari seul de donner, aliéner, hypothéquer, acquérir à titre gratuit ou
onéreux, d'administrer tous les biens de la communauté ;
l'épouse ne peut rien faire à ce point de vue sans le
consentement de l'époux ; elle est une perpétuelle
mineure ; un jugement du président du tribunal peut
seul suppléer à la permission maritale dans les cas où
le refus est manifestement injustifié. Cependant, des
brèches sont ouvertes par lesquelles l'autorité de l'homme
est mise en péril : la femme commerçante est déjà en
partie émancipée dans la mesure où son activité propre

---

1. Le Code civil allemand de 1900 donne égal pouvoir domestique au
mari et à la femme qui se contrôlent réciproquement : il supprime
l'incapacité de la femme mariée, lui reconnaît le « pouvoir des clefs »
dans le ménage, fait de la séparation des biens le régime légal (régime
matrimonial de droit commun), mais n'assure pas à la femme la propriété des acquêts. Il admet d'ailleurs la recherche de la paternité et il
assimile l' « enfant naturel » à l'enfant légitime, à l'égard de la mère
seule, lorsqu'il est reconnu par celle-ci.

se révèle indépendante de celle de son mari ; la femme ouvrière a droit à l'entière disposition de son salaire ; d'ailleurs le contrat de mariage peut contenir une autorisation donnée une fois pour toutes à la future épouse d'administrer ses biens, « d'intenter toutes actions et défendre à celles qui seraient formées contre elle » (sans préjudice toutefois du maintien de l'autorisation spéciale pour ester en justice ; mais cette autorisation peut être donnée par le tribunal même). La Loi ne prévoit pas le cas où non seulement tous les biens proviendraient de la femme, mais où encore seule la femme pourvoierait à l'entretien du ménage par son gain ou salaire ou traitement ; de tels cas sont rares, mais peuvent le devenir de moins en moins et il est vraisemblable que lorsque la question sera posée nettement elle sera résolue dans le même sens que pour la libre disposition des ressources commerciales et industrielles. Toutefois, le mari est le chef légal de la communauté, et le législateur ne peut guère vouloir que l'étroite solidarité conjugale soit mise en péril par des divergences de vues entre personnes placées sur un pied de complète égalité. Ce sont seulement les immeubles échus par succession ou par donation à l'un des deux époux, quel qu'il soit, qui restent entièrement en sa possession sous le régime de la communauté légale, celui qui s'impose en l'absence de tout contrat particulier stipulant un régime dotal parfait ou mixte. Et encore l'autorité maritale s'affirmet-elle par le droit qu'a l'homme d'administrer seul les biens de sa femme, sauf lorsque le contrat stipule la séparation des biens ; même sous le régime dotal, le mari seul gère les intérêts de sa femme, agissant à l'égard des biens de celle-ci comme un usufruitier.

En somme, notre législation a réagi contre la tendance à accorder à la femme une indépendance de fait grâce à l'administration de ses biens et à la libre disposition de ses revenus : elle a eu en vue le maintien de l'unité familiale qui n'eût pas manqué d'être compromise par un retour à ce qui avait largement contribué à la dissolution de la famille romaine de la décadence. Mais la question se pose au point de vue de l'équité, de savoir s'il convient toujours, nonobstant l'incapacité ou l'immoralité ou la prodigalité du mari, de lui laisser exclusivement le droit de gouverner la communauté entièrement à sa guise. L'unité familiale serait-elle compromise parce que dans des cas bien déterminés la femme deviendrait le véritable maître de la maison ? Ce qui importe surtout, c'est qu'il y ait sinon un chef, au moins une volonté individuelle ou commune exclusive de tout tiraillement néfaste. Il ne s'agit pas de maintenir à tout prix l'autorité maritale ; mais la législation ne peut manquer de s'intéresser à l'établissement et au maintien d'une autorité morale permanente dans l'agrégat familial. La femme n'est pas en général subordonnée parce que femme, mais parce que souvent moins capable d'apporter un esprit de suite et une force de caractère qui semblent devoir caractériser les hommes. Qu'une femme se montre supérieure en face d'un mari incapable, imbécile, débauché, et la loi ne pourra guère manquer d'être en sa faveur.

La femme ruinée par les prodigalités ou la mauvaise conduite de son mari, ou maltraitée, injuriée, en butte à toutes les vexations d'un despotisme jaloux, vindicatif, brutal, n'a pas d'autre ressource que la séparation. Autrefois elle pouvait chercher une assistance efficace auprès de l'autorité patriarcale, ou du conseil de la communauté, ou de cette sorte de conseil de famille dont la principale fonction était de maintenir l'ordre dans la collectivité domestique et qui ne pouvait manquer en bien des circonstances de prendre parti pour les faibles et les opprimés. A défaut d'assemblée domestique, la femme trouvait un défenseur dans le ministre de la religion : le clergé intervint souvent pour menacer de foudres qui n'étaient pas inoffensives les maris indignes de gouverner tyranniquement ; les mœurs chevaleresques s'étaient développées en opposition fréquente avec les formes d'asservissement qui résultaient de la toute-puissance maritale. L'État s'est substitué à l'Église, au milieu restreint, au conseil de famille ; mais il a fatalement abouti à un procédé presque uniforme, d'ordre juridique : le divorce légal est la solution d'un problème que la désintégration familiale et la diminution de la foi religieuse, de la puissance ecclésiastique, laissaient peu susceptible d'autre aboutissant. En vain, l'Église catholique s'est-elle opposée de tout son pouvoir à la rupture d'un lien établi par un sacrement et réputé dès lors indissoluble pour tous les croyants ; le protestantisme n'avait pas les mêmes raisons de lutter contre le divorce ; la morale indépendante n'y répugnait qu'à moitié ; l'individualisme exigeait davantage encore. La Révolution française permit le retour à l'ancienne répudiation ; mais en fait la répudiation est surtout permise au mari dont elle sert souvent les desseins immoraux ; elle n'a plus pour fondement la nécessité, admise généralement dans l'antiquité, de donner des rejetons mâles à la vieille souche patriarcale ; elle ne se concilie guère qu'avec le

despotisme oriental qui, en favorisant la polygamie, a
ruiné dans son germe la solidarité conjugale et a fait
de la chasteté un effet de l'étroite surveillance des
épouses.

Une sorte de compromis s'est établi dans la plupart
des nations civilisées : la séparation de corps, lorsqu'elle menace de se prolonger indéfiniment, met obstacle à la constitution d'une nouvelle famille, ce qui peut
être regrettable au point de vue social et individuel ;
on a estimé qu'il valait mieux rendre la pleine liberté
aux époux irrémédiablement désunis. Puis on a admis
le divorce immédiat dans les cas d'adultères, de sévices,
d'injures graves, de condamnation à une peine afflic-
tive et infamante. Mais on s'est arrêté là : en France,
la loi du 27 juillet 1884 a maintenu l'abrogation des
articles 275 à 294 du Code civil relatifs au divorce par
consentement mutuel. Il fallait pour que le consentement mutuel eût quelque poids que des épreuves suffisantes aient établi l'incompatibilité des caractères,
rendant la vie commune insupportable (selon le décret
de 1803) ; des législateurs plus prudents ont estimé
qu'il serait trop commode à celui des deux conjoints
qui souhaite le divorce de rendre la vie commune
insupportable à l'autre. En fait, il parvient généralement à faire accepter l'idée de la complète rupture par
l'époux le plus obstiné à ne point se prêter au recours
si aisé à des artifices de procédure et à l'évocation de
motifs admis par la loi ; mais n'est-il pas bon que le
maximum d'obstacles soit mis à ce qui ne serait le plus
souvent qu'une répudiation déguisée ?

Quelles que soient les précautions prises par les
législateurs, le recours au divorce autorisé par la loi

constitue une grave atteinte à la dignité du lien matrimonial. Bien des mariages sont actuellement conclus
à la hâte, sans appréhension suffisante de l'avenir,
sans garanties de durée, parfois sans souci de la moralité antérieure et future, uniquement parce que l'on
sait qu'il sera toujours relativement aisé de trouver le
moyen de divorcer ; l'union légale ne paraît plus devoir
être qu'une expérience plus ou moins prolongée ; il y
a de véritables « essais » que l'on fait souvent sans
grande conviction et peut-être avec la conviction intime
que l'expérience ne saurait donner de bons résultats.
En tous cas, le nombre des divorces non seulement va
croissant (en Amérique du Nord, il s'est élevé de
10.000 en 1887, de 72.000 en 1908), mais encore la
proportion du nombre des divorces à celui des mariages
augmente démesurément (1,60 en Amérique en 1887,
9,100 en 1908). Les nations qui ont le plus fort pour-
centage sont : les États-Unis (77 pour 100.000 habitants), la Suisse (0,35 p. 100), la France (0,25 p. 100),
le Danemark (0,17 p. 100), l'Allemagne (0,15 p. 100),
la Serbie (0,13 p. 100), la Belgique, la Bulgarie et la
Hongrie (0,13 p. 100), tandis que la Suède, la Norvège,
l'Écosse, tombent au-dessous de 0,10 p. 100 et l'Angleterre, au-dessous de 0,5 p. 100. En Amérique, ce sont
les régions de l'Ouest qui donnent le plus fort pourcen-
tage, tandis que celles du Nord ont le plus faible. En
1910, il y avait aux États-Unis 152.162 divorcés et
185.068 divorcées non remariés, soit respectivement
0,5 p. 100 de la population mâle au-dessus de quinze ans
et 0,6 p. 100 de la population féminine au-dessus du
même âge. C'est assez dire combien l'expérience du
mariage avait paru mauvaise à un très grand nombre

de personnes, car il est peu vraisemblable qu'en un pays où les divorces sont si fréquents la qualification de « divorcé » ait particulièrement nui aux projets matrimoniaux de ceux à qui elle s'appliquait.

On peut donc affirmer que la législation qui admet le divorce a nui à la famille au point de vue de la stabilité due au lien conjugal ; mais il est aisé de concevoir dans quelle mesure elle a porté tort à la bonne éducation des enfants : on a vu plus haut que le nombre d'enfants moralement abandonnés est un indice de la désintégration familiale et que la séparation de corps, le divorce *a fortiori*, ont considérablement accru dans ces dernières années la quantité de ces malheureux. Or la législation attribue comme il convient la garde des enfants à celui des anciens époux en faveur duquel le divorce a été prononcé ; quand il se remarie, les enfants du premier lit constituent un élément perturbateur du nouvel agrégat ; s'il ne se remarie pas, homme, il ne peut guère avoir pour les enfants toute la sollicitude requise au point de vue de l'organisation matérielle de la vie, femme, l'autorité lui fait généralement défaut surtout auprès des grands jeunes gens. Donc malgré les meilleures intentions, le législateur ne pouvait guère réussir à concilier le divorce avec le souci du bien-être matériel et moral des enfants. Il semble que, se plaçant trop exclusivement au point de vue de l'indépendance des anciens époux, on ait négligé d'assurer des garanties suffisantes aux enfants, dont les droits se trouvent en fait ordinairement sacrifiés. D'aucuns estiment que le divorce ne devrait jamais être prononcé quand ceux qui le sollicitent ont « charge d'âmes » ; qu'à défaut de lien religieux indissoluble, il y a un lien moral nettement indissoluble tant que la tâche de la famille n'est pas remplie en ce qui concerne ascendants et descendants. D'autres objectent le danger que court l'enfance et l'adolescence à rester en contact avec des parents indignes de confiance, condamnés pour adultère ou pour violences inexcusables ou pour crime de droit commun. En tenant compte de la valeur de cette objection on eût pu encore exiger du tribunal, chargé d'examiner les demandes de divorce, un examen attentif de la situation des enfants et des moyens d'obvier aux inconvénients signalés plus haut.

Le législateur n'a pas osé prononcer la déchéance paternelle ou maternelle pour l'époux condamné : le père et la mère conservent après le divorce le droit de surveiller chacun de son côté l'entretien et l'éducation de leurs enfants, même s'ils ont été confiés, à la demande du ministère public, à une tierce personne, qui est souvent l'un des grands-parents. Ainsi la vie familiale, qui eût pu continuer en l'absence de l'un des époux comme s'il avait été décédé, risque encore d'être troublée par l'intervention du mari ou de la femme coupable, dans l'éducation de ses enfants : il eût sans doute été avantageux en bien des cas que l'aïeul pût exercer avec une grande autorité morale le pouvoir paternel enlevé à l'époux infidèle ou brutal ou délinquant sinon criminel ; en fait il en est parfois ainsi pour le plus grand bien de jeunes êtres qui ont l'impression salutaire du maintien de la vie normale au foyer un instant ébranlé. La législation concernant le divorce est donc insuffisante. L'évolution des mœurs ne paraît pas de nature à diminuer sa nocivité : la faculté accordée aux complices du délit d'adultère de se marier après leur divorce d'avec l'époux trompé ne peut qu'encourager à la faute ceux qui se croient assurés d'une prochaine union, et contribuer encore à l'affaiblissement du lien conjugal.

L'autorité des parents sur les enfants n'est pas seulement atteinte par les effets du divorce : depuis la Révolution, la législation de tous les pays civilisés a diminué la puissance paternelle et *a fortiori* celle de la mère et des grands-parents. Le 28 août 1792, l'Assemblée nationale décréta que les majeurs ne seraient plus soumis à la puissance paternelle qui ne s'étendrait plus que sur les personnes des mineurs. Cette puissance appartient-elle aux ascendants? Le Code civil répond nettement que le père exerce seul l'autorité durant le mariage ; mais la loi du 24 juillet 1889 sur la protection des enfants maltraités ou moralement abandonnés paraît considérer la puissance paternelle comme pouvant appartenir aussi aux ascendants. Quoi qu'il en soit, l'article 375 du Code civil, a remplacé, en ce qui concerne la correction, par l'autorité du père seul celle que le décret du 16-24 août 1790 accordait aux aïeuls et tuteurs ainsi qu'à la mère, en instituant le « Tribunal domestique de la famille assemblée » composé des huit plus proches parents et auxquels pouvaient être déférés les coupables. Le Tribunal de famille pouvait sembler une survivance de l'organisation communautaire ; le retour à la simple autorité paternelle, en 1803, relevait de l'esprit patriarcal transformé. La mère survivante et non remariée avait besoin de l'assistance des représentants de la famille (les deux plus proches parents paternels), pour solliciter la détention de son enfant mineur, rebelle à son autorité. Cette infériorité légale de la mère était encore affirmée par les dispositions qui permettaient au père de nommer à l'avance à la mère survivante et tutrice un conseil spécial sans l'avis duquel elle ne pourrait faire aucun acte relatif à la tutelle. En cas de décès du père et de la mère l'aïeul paternel l'emportait sur l'aïeul maternel ; cependant dans le conseil de famille convoqué en l'absence d'ascendants mâles, les parents et alliés du côté maternel pouvaient être en même nombre que ceux du côté paternel. Mais tout ceci a en fait peu d'importance à l'heure présente, où les ordonnances de correction paternelle deviennent de plus en plus rares et où la tutelle vise plutôt à l'administration des biens qu'à l'exercice d'une réelle autorité morale. De plus, l'autorité paternelle est affaiblie par les lois qui acheminent vers la possession par les mineurs d'au moins une partie de leur salaire. Sans doute, les parents peuvent exiger de leurs enfants, s'ils craignent que ceux-ci fassent un mauvais emploi de l'argent gagné par eux, la remise en leurs propres mains du salaire dû au mineur ; cependant de l'avis des jurisconsultes, « la jouissance légale des salaires acquis par l'enfant, dans une industrie séparée de celle du père, n'est pas un attribut de la puissance paternelle : le père conserve l'administration et reste juge du meilleur emploi de ces biens. Ce pécule, ainsi réservé à l'enfant, lui est acquis dès qu'il travaille pour son compte, que ce soit chez son père ou dans un atelier situé en dehors de la maison paternelle » (G. Bry ; Législation industrielle). L'enfant mineur s'émancipe donc, tant soit peu, par le travail industriel ; et il ne peut que tendre à une plus grande indépendance. Tout fait prévoir une législation encore plus favorable à la libre disposition par les.

mineurs des biens par eux acquis dans le travail rému-
néré : on sent en effet de plus en plus le besoin de
« sauvegarder le salaire des enfants contre les abus
dont ils peuvent être victimes », en particulier contre
les saisies des gains d'enfants à raison des dettes con-
tractées, le plus souvent au cabaret, par les parents.
Déjà les mineurs sont admis à déposer dans les Caisses
d'épargne, sans l'intervention de leur représentant
légal, bien qu'ils ne puissent demander le retrait avant
l'âge de seize ans ; à partir de cet âge ils peuvent en outre
verser sans autorisation à la caisse nationale des retraites
pour la vieillesse et faire partie des sociétés de secours
mutuels : ils se trouvent ainsi incités à opposer à la
solidarité familiale une solidarité beaucoup plus large
et moins oppressive, parfois plus bienfaisante. La législation est à peu près la même en Allemagne, en Belgique et en Suisse : généralement on s'est préoccupé
de concilier les intérêts des mineurs, dignes de sollicitude dans la mesure où ils sont victimes d'une autorité
paternelle s'exerçant à tort ou sans scrupules, avec le
traditionnel pouvoir d'administrer les biens de la communauté reconnu au chef de la famille. En fait, c'est
ce pouvoir qui fait les frais de toutes les innovations en
cette matière.

En somme, la législation industrielle et commerciale
est peut-être plus encore que la législation civile im-
prégnée de cet esprit nouveau, essentiellement individualiste, qui travaille sans relâche à la désintégration
familiale. Depuis 1874 en Suède, plus récemment en
Norvège et en Danemark, la loi autorise la constitution
du pécule soustrait à l'administration du mari ou du
père et hors de sa disposition. Le Code civil allemand

de 1896-1900, qui semble avoir aspiré à supplanter l'influence de l'œuvre napoléonienne en tenant compte des aspirations contemporaines, a placé en dehors de la communauté conjugale les « biens séparés » qui échappent entièrement au mari et au créancier, et qui ne doivent servir à l'entretien du ménage que dans la mesure où les biens patrimoniaux ne donnent pas au mari des ressources suffisantes. Le Code civil suisse a admis cette institution des biens réservés et établi une sorte de séparation partielle des biens. Les États-Unis sont bientôt tous entrés dans la voie qui leur était indiquée dès 1847 par la législation de l'État de New-York qui reconnut le premier à la femme mariée « la propriété particulière et distincte de ses biens, comme si elle était une personne libre ». En Angleterre depuis la loi du 18 août 1882, la femme a la jouissance et la libre disposition non seulement des biens qu'elle possédait lors de son mariage, mais de ceux qu'elle est susceptible d'acquérir depuis, à n'importe quel titre. L'émancipation des adolescents suit celle de la femme : quiconque détient l'argent se croit apte à s'affranchir complètement de toute tutelle. Une fois de plus, nous voyons le principe de la propriété individuelle en opposition avec celui de la stricte communauté familiale, qui s'accordait autrement bien avec des coutumes et lois permettant ou prescrivant la persistance du bien de famille indivis.

Mais la possession indivise, par la famille, du patrimoine inaliénable exige l'administration de ce bien par le plus qualifié des descendants ; la question du droit d'aînesse se pose ici : elle a été résolue négativement par le Code civil qui a confirmé sur ce point les décisions révolutionnaires. « Les enfants succèdent par égales portions et par tête », dit l'article 745. Seule la « quotité disponible », d'autant moindre qu'il y a plus d'enfants, permet d'assurer un avantage à l'aîné ou à tout autre ; mais sauf stipulation formelle l'attribution de la quotité disponible n'a pour fin que l'accroissement d'un bien individuel ; la loi ignore les biens collectifs. Récemment une tentative a été faite pour constituer dans le cadre de notre législation individualiste un retour partiel au « bien de famille »; mais il s'agit plutôt d'une propriété insaisissable et inaliénable que d'un avoir collectif destiné à resserrer par l'action d'un intérêt commun permanent les liens de la parenté. Le bien des parents était autrefois considéré comme appartenant déjà en fait aux enfants : c'est pourquoi le fils ne peut même encore être accusé de vol au préjudice de son père ; c'est pourquoi les enfants sont dits « succéder » à leurs parents; mais rien n'empêche le père de dilapider ce bien, de le vendre s'il s'agit d'immeubles et d'en employer tout l'argent sans que les siens en retirent le moindre profit. Une législation qui permet à ce point la méconnaissance des droits qu'ont sur le produit de l'apport collectif, parfois depuis bien des générations, tous les membres de l'agrégat, ne peut guère être considérée comme favorable à la persistance du lien de famille : toutes les fois que le bien de tous est dilapidé par un seul, il est inévitable que tous les autres regrettent leurs efforts solidaires et réagissent en travaillant chacun pour soi.

A un autre point de vue la législation récente s'est encore révélée insuffisamment prévoyante, malgré des tentatives plutôt heureuses faites dans tous les pays pour lutter contre la ruine du foyer par l'emploi abusif des femmes et enfants dans le commerce et l'industrie. Étant donné les nécessités urgentes de la vie matérielle, bien des parents laissaient au commencement du XIXe siècle les enfants de moins de dix ans entrer dans les manufactures où ils travaillaient quatorze heures par jour, et plus encore, et où ils perdaient avec leur santé le sens de la vie de famille : ces pauvres petits êtres sacrifiés à la cupidité des patrons et des parents ne pouvaient ensuite qu'éprouver une profonde et durable répulsion pour une discipline paternelle aussi inhumaine. En Angleterre, Robert Peel commença dès 1802 une timide réaction législative ; en France ce ne fut qu'en 1841 que l'on légiféra au sujet de l'emploi des enfants dans les manufactures ; depuis, les progrès réalisés ont été considérables : la loi de 1892 et surtout celle de 1900 étend la protection aux enfants, aux filles mineures et même aux femmes adultes. La réglementation vise avant tout à la conservation de la santé individuelle ; mais elle a des conséquences appréciables au point de vue de la vie de famille en ce sens surtout qu'elle laisse le plus longtemps possible chaque jour l'enfant, la fille mineure, la femme, au foyer domestique, où leur présence en bonne santé et en état de confiance réciproque, d'aide mutuelle, est une condition de persistance du lien familial. De même la législation récente concernant les mères avant et après l'accouchement, si elle vise surtout à la diminution de la mortalité infantile et à la conservation de la santé des mères ou des nouveau-nés, permet à l'ouvrière d'apprécier les bienfaits et les douceurs de la vie domestique. Mais la loi de 1900 ne s'applique pas aux employés de commerce et de bureaux :

la réglementation du travail des enfants et des jeunes filles ou femmes dans tous les magasins est encore incomplète ; et il serait cependant souhaitable que nulle part on ne pût enlever prématurément à la vie de famille ceux qui normalement n'eussent jamais dû cesser d'en jouir.

La récente « Loi des huit heures » et en général toute limitation légale de la durée du travail dans les ateliers, les maisons de commerce, les bureaux, etc., est susceptible d'avoir une répercussion sur l'intensité de la vie domestique, soit en permettant à l'ouvrier, à l'employé, au fonctionnaire de consacrer plus de temps et de plus nombreux loisirs à l'éducation des enfants, à l'organisation de l'existence matérielle de l'agrégat, aux travaux domestiques ou à des besognes supplémentaires faites à domicile, soit en favorisant au contraire la débauche, ou l'éloignement du foyer par suite d'occupations extérieures, de fréquentation des cabarets, des clubs, des bourses du travail, des réunions syndicales, des cercles politiques. Il semble que l'état des mœurs soit ici la cause des heureux ou malheureux effets de la latitude laissée par la loi : dans les pays où prédominent les habitudes collectives et individuelles nées de l'industrialisme et de la démagogie, le résultat est néfaste et contribue à accroître le désarroi familial.

Il en est de même de la législation relative aux retraites ouvrières et paysannes, à l'assistance sociale, aux accidents du travail : ce qui n'aurait que des effets favorables à la moralité familiale et publique si les mœurs étaient en général celles de gens laborieux, rangés, économes, soucieux de l'avenir des enfants et du bon renom collectif, devient souvent une source de détachement croissant à l'égard des intérêts du foyer et de la continuité dans l'existence familiale. Une loi nettement favorable cependant à la vie domestique est celle du 12 avril 1906 relative aux habitations à bon marché qui permet de combiner l'action des communes, de l'Etat, des sociétés philantropiques et l'effort des individus, en vue de la construction de logements salubres pour les familles ouvrières, et de la création de « jardins ouvriers ». Cette loi a été complétée par celle du 10 avril 1908 facilitant l'acquisition d'un foyer familial aux ouvriers agricoles, dans le dessein explicite « d'arrêter le dépeuplement des campagnes, d'augmenter la natalité et de contribuer à maintenir la paix sociale ». Elle est appelée à combiner ses effets avec ceux de la constitution du « bien de famille » insaisissable et inaliénable pendant une durée qui n'est pas limitée à celle de l'existence personnelle de l'acquéreur. On avait fondé beaucoup d'espérances en Amérique sur le système du Homestead, institué dès 1839 dans le Texas et depuis adopté avec des modifications plus ou moins sensibles par d'autres Etats américains ou européens; mais au dire de M. Levasseur, le Homestead exemption, « vu de près en Amérique, perd, comme les bâtons flottants de La Fontaine, une partie du prestige que ses panégyristes lui prêtent en Europe ». Il en est de même du Hoferecht germanique et des Allotments Acts anglais ou du lotissement des ouvriers ruraux en Danemark (1899). Le Parlement français a élaboré en 1906 un projet relatif à l'insaisissabilité et à l'indivision du bien de famille qui « tend à rétablir le régime des substitutions au profit des classes populaires », à constituer ce que l'on a appelé « le majorat de la démocratie » (Bry). Il ne s'agit de rien de moins que d'une dérogation aux règles des successions, au profit des enfants ou du conjoint de l'acquéreur d'une maison individuelle, avec maintien de l'indivision pendant cinq ans au moins, dix ans au plus (sauf consentement unanime) à partir du décès de cet acquéreur. Mais les avantages, exonérations d'impôts et autres, ne sont accordés qu'à raison de la minime importance des biens : la loi n'intéresse donc qu'un petit nombre, et elle ne paraît pas avoir donné jusqu'ici d'appréciables résultats dans le sens de la consolidation du lien de famille. Il va sans dire cependant que tout ce qui pourra contribuer à rendre la vie domestique plus facile, plus agréable au plus grand nombre, plus séduisante pour ceux qui seraient disposés à s'en éloigner, méritera d'être retenu par le législateur, quelle que soit l'indifférence actuelle de ceux qui pourraient le mieux en bénéficier.

A ce point de vue la lutte engagée contre les logements insalubres mérite d'être signalée. Les taudis des villes, qui manquent d'air et de lumière, éloignent du foyer le travailleur justement désireux à la fin de son labeur journalier de trouver le repos dans une atmosphère saine et dans un cadre propice aux joies de la famille. L'hygiène sociale a attiré de plus en plus dans la période récente l'attention des législateurs : or elle comprend aussi bien les mesures prises contre les conditions physiques défavorables à la santé individuelle et collective que contre les facteurs de trouble ou déséquilibre moral, de maladies mentales et d'anomalies sociales. L'assainissement matériel et moral des cités et des campagnes, des ateliers, des usines, de tous les lieux publics (théâtres, spectacles, concerts, cinéma-

tographes, etc,), est une tâche considérable à laquelle
on ne saurait trop convier quiconque a le pouvoir de
contraindre de par la loi. Il y a encore bien des lacunes
à combler dans cet ordre de prescriptions et prohibitions légales. La prostitution réglementée ou clandes-
tine est une des tares sociales auxquelles on paraît ne
s'être attaqué jusqu'ici qu'avec une extrême prudence;
on craint visiblement d'aboutir par des rigueurs légales
nouvelles à la substitution de la prostitution clandes-
tine à la prostitution réglementée et l'on choisit le
moindre mal, quelque regrettable que soit la « tolérance » de foyers de perversion dans lesquels les jeunes
gens et les hommes mariés viennent perdre le respect
de la femme et d'eux-mêmes. Contre le luxe dépravateur
on ne peut presque rien : les lois somptuaires de l'antiquité, qui ont mérité une attention spéciale de la part
de Montesquieu, n'ont jamais eu le résultat qu'on en
attendait. Les lois fiscales peuvent aisément devenir des
lois somptuaires : on peut imposer les objets de luxe
ou le luxe dans l'existence; mais où commence le vrai
luxe, celui que le commerçant ne juge pas indispensable à son crédit, celui que les gens aisés ne con-
fondent pas avec le confortable, celui qui n'est pas utile
à l'essor industriel du pays... ? Sans doute Montesquieu
a raison de rapprocher le luxe de l'inconduite des
femmes, de l'incontinence, des mauvaises mœurs, de
tout ce qui ruine les républiques et risque de porter
atteinte aux fondements de l'unité domestique ; mais
la législation ne peut suppléer à l'absence plus ou
moins complète de simplicité, frugalité, modération,
tempérance, toutes vertus opposées à la vanité, à l'ostentation, à la prodigalité, à l'imprévoyance.

Des mesures fiscales récentes tentent de réagir contre le célibat et la limitation excessive du nombre des enfants : ici encore la législation est manifestement impuissante : les gens qui ont de l'aversion pour les charges de famille aimeront mieux payer de lourds impôts que de contrarier leurs tendances égoïstes. Le désir de vivre avec femme et enfants ne saurait être suscité artificiellement, pas plus que le respect des vieux parents : en donnant aux aïeuls le droit de réclamer une pension alimentaire, le Code a nui plus qu'il n'a aidé à la reconnaissance et à l'amour filial partout où des vieillards exigeants ont cru devoir menacer leurs enfants ou petits-enfants du recours aux tribunaux.

De bons exemples, une solide éducation individuelle et collective font plus que la législation minutieuse et sévère. Aussi a-t-on pu incriminer les lois qui ont organisé l'instruction publique obligatoire d'avoir trop vite abouti à substituer l'influence de l'Etat à celle de la famille. La législation scolaire en France a été dominée dans ce dernier demi-siècle par l'idée de l'école neutre, non confessionnelle, et par une conception erronée de la toute-puissance d'une instruction visant au développement intellectuel et trop peu à l'éducation de la volonté morale ou des sentiments familiaux. L'Etat paraît se méfier de la famille au lieu de solliciter sa collaboration et son contrôle ; le maître relève de l'Etat c'est-à-dire du Gouvernement et des hommes au pouvoir, sinon en droit, du moins en fait. Il s'ensuit que trop souvent une grande méfiance se fait jour dans la famille à l'égard de l'école ; cette méfiance engendre des hostilités sourdes qui font de l'enfant la victime de sourds tiraillements. Quand il n'y a pas antagonisme, c'est pis encore : les parents s'en remettent entièrement aux maîtres non seulement du soin d'instruire, mais de celui de faire l'éducation de la jeunesse ; la famille abdique ; sa déchéance commence du jour où elle se borne à assurer aux enfants et adolescents la vie matérielle convenable, sans se préoccuper de sa tutelle morale, inaliénable. Le développement intellectuel, s'il est exclusif, favorise les ambitions personnelles, le mépris des parents moins instruits ou ignorants, les tendances à l'action individuelle pour le succès et les joies égoïstes. Combien peu de gens favorisés par de brillantes études songent-ils à procurer à leurs parents l'aisance et le repos, au moins autant qu'à s'assurer personnellement une situation enviable ? On reproche non sans raison à l'école telle que l'a faite notre législation scolaire d'avoir favorisé le dépeuplement de nos campagnes, l'abandon de l'agriculture, l'amour du fonctionnarisme avec la vie errante que souvent il entraîne, le désir du lucre qui aboutit à la recherche de la dot sans égards suffisants pour la valeur morale de la future épouse et mère. Les Etats qui ont conservé l'école confessionnelle connaissent le même mal, réplique-t-on ; c'est que sans doute le remède n'est pas dans le simple retour à l'instruction religieuse donnée encore de telle façon que les parents se désintéressent de l'éducation sentimentale, pratique et morale de leurs enfants. La législation est insuffisante ; elle ne résout pas le problème peut-être parce qu'il a été mal posé par des gens qui n'ont vu que l'opposition de l'Eglise et de l'Etat, là où le conflit risquait de s'élever entre l'Etat et la Famille. Celle-ci s'est mal ou mollement défendue, sans doute parce que déjà affaiblie dans sa constitution

par bien d'autres causes de désintégration : il n'en est
pas moins vrai que le mode étatiste d'instruction populaire établi par la plupart des législations contemporaines est un facteur de dissolution ou de relâchement
du lien familial, surtout parce qu'il favorise trop
exclusivement l'intelligence, instrument d'adaptation
à des milieux de plus en plus vastes et de succès sans
le concours de la solidarité traditionnelle.

La législation militaire a complété l'œuvre de la
législation scolaire, en éloignant de la vie familiale
pour plusieurs années des jeunes gens qui, en nombre
croissant, ont déjà passé dans des internats les trois
quarts de leur existence. Après avoir tenté pendant
quelque temps d'appliquer les règles du « recrutement
régional » qui permettait d'envoyer fréquemment en
permission dans leurs foyers les jeunes soldats, on a
dû y renoncer pour des raisons de discipline : ainsi la
caserne a contribué à rompre le lien des adolescents
avec leurs parents et frères. On a vu ailleurs comment
la vie de garnison, souvent nuisible à la moralité en
général, l'est particulièrement au retour des jeunes
hommes aux saines traditions de la vie paysanne et par
conséquent de la vie domestique. L'expérience d'une
longue guerre est venue montrer combien néfaste à
l'esprit de famille est l'éloignement prolongé du foyer
pour les hommes même les plus accoutumés à la fidélité conjugale et au dévouement journalier aux enfants
ou aux vieux parents. Sur tant de millions d'êtres
mobilisés, il y en eut sans doute un grand nombre en
qui la vision du foyer fut un tourment et un soutien,
qui n'eurent pas de désir plus ardent que celui d'aller
au plus tôt reprendre la besogne interrompue et de

retrouver de chères affections. Mais combien a-t-on pu en voir aussi qui ont perdu à jamais peut-être le goût de la vie familiale ? La désertion des campagnes s'est accentuée dès le retour à l'état de paix ; l'industrialisme et le fonctionnarisme ont sévi avec une nouvelle intensité ; l'indépendance des femmes et des enfants, accoutumés à l'absence du mari et du père, s'est accrue ; l'égoïsme individuel s'est exacerbé par suite de la ruée vers les satisfactions de la vie matérielle et du luxe pour les « nouveaux riches », et par suite de difficultés croissantes pour les moins bien partagés devenus plus ambitieux. Une enquête nous a montré le nombre, croissant depuis la guerre, de familles ouvrières qui ont cherché à alléger leurs charges en abandonnant en partie les vieillards et les enfants à des soins étrangers.

Enfin la législation politique n'est pas étrangère à la dissolution familiale : on a vu plus haut comment les idées égalitaires, qui ont triomphé au xixᵉ siècle dans presque tous les pays, notamment par l'institution du suffrage universel favorisaient cette dissolution ; presque partout le citoyen, rattaché à la cité et à la nation par le pouvoir électoral, s'est senti à tort ou à raison mûr pour l'indépendance, au temps même où aucun organe n'était créé pour la représentation des familles, agrégats ignorés par la plupart des constitutions actuelles. La rivalité des grandes familles a été remplacée par celle des classes (envisagées de plus en plus au point de vue économique) et des partis, luttant les uns contre les autres pour la conquête du pouvoir ; et les législateurs du xixᵉ siècle paraissent s'être laissé hypnotiser par des modes de solidarité tout à fait étrangers à la solidarité familiale : on a pensé à la représentation proportionnelle des partis, mais non à celle des intérêts domestiques ; tout au plus a-t-on songé à accorder le « vote plural » aux chefs de familles nombreuses. Même dans les réactions les plus marquées contre le point de vue révolutionnaire ou démocratique, on s'est placé plutôt au point de vue censitaire, oligarchique ou aristocratique, qu'à celui de la tradition domestique.

En résumé, l'individu, dont la civilisation occidentale a exalté la valeur et développé la personnalité, a fait prévaloir dans la législation contemporaine son désir de s'affranchir le plus complètement possible de ce qui fut la religion de la Famille et qui était devenu le respect des traditions, la subordination des fins personnelles à celles de l'agrégat domestique. C'est le triomphe de l'individu que manifestent nos diverses dispositions légales. Ce qui subsiste légalement du lien familial est-il assuré d'une juridiction favorable ?

La famille ancienne réprima avec la plus grande sévérité l'adultère : la lapidation de la femme adultère et la mise à mort de son complice furent une des principales prescriptions de la loi hébraïque, et les législateurs chrétiens s'inspirèrent d'abord de cette rigueur ; jusqu'en 1863 la peine capitale fut prononcée en Écosse contre les coupables avérés. Dans beaucoup de civilisations cependant la peine fut différente pour l'épouse coupable et pour le séducteur de rang inférieur, celui-ci étant particulièrement tenu pour dangereux ; ce qu'explique fort bien le point de vue familial auquel on s'est généralement placé ; car ce qu'on punit dans l'adultère, c'est l'introduction d'un élément étranger et impur dans la lignée patriarcale. A mesure que les distances entre les castes ou les classes diminuaient, on était porté à plus d'indulgence; parce qu'on considérait davantage le dommage causé au mari, à qui il appartenait de venger l'outrage et la violation du serment de fidélité : c'est pourquoi le mari surprenant sa femme en flagrant délit est resté autorisé en fait jusqu'à nos jours à sacrifier la coupable, sans encourir la peine réservée aux homicides. Le Code pénal ne prévoit qu'une peine relativement légère d'emprisonnement pour la femme et d'emprisonnement et d'amende pour son complice ; encore cette peine n'est-elle pas toujours rigoureusement appliquée par les tribunaux, dont l'indulgence peut sembler sinon un encouragement du moins un témoignage d'indifférence pour la rupture du lien conjugal. Cette indulgence s'explique d'ailleurs par le sentiment très net de la culpabilité d'un grand nombre d'hommes dont l'adultère avéré reste impuni et ne suscite même plus le blâme de l'opinion publique. On estime non sans raison que le moyen de prévenir l'adultère est entre les mains des époux qui ont à compter bien plutôt sur les sentiments d'affection qu'ils inspirent que sur la crainte des rigueurs de la loi pénale.

Il n'en est pas de même pour la bigamie : la Société continue à réprimer sévèrement l'abus de confiance commis au détriment de la femme, victime d'une irréparable faute, pouvant entraîner le naissance d'enfants auquel un statut légal est en principe refusé. Mais il s'agit là d'un crime portant un grave préjudice à la société et à des personnes étrangères à la famille plutôt que d'une atteinte au lien de famille lui-même. L'inceste autrefois si sévèrement réprimé n'existe plus au point de vue légal, puisque le mariage ne peut être célébré qu'en tenant compte des prohibitions du Code civil : les relations incestueuses entrent dans la catégorie des outrages aux mœurs, plus sévèrement punis si les coupables sont des ascendants ou des personnes susceptibles d'abuser d'une autorité permanente ou discontinue.

L'orientation, déjà mainte fois signalée, d'une législation qui vise surtout à la protection de l'individu contre les abus de l'autorité, se manifeste encore par les dispositions du Code pénal concernant les crimes ou délits des ascendants, des époux ou des enfants : sans doute le parricide reste le crime sans excuse (théoriquement du moins, car en fait le cas de légitime défense peut être invoqué); les coups portés aux ascendants sont punis, non plus de mort comme dans l'antiquité (comme Platon dans ses Lois ne manquait pas de le réclamer impérieusement), mais de peines particulièrement sévères ; cependant les parents coupables de mauvais traitements infligés à leurs enfants, ou de séquestration prolongée, inhumaine, sont loin d'être tant soit peu excusés, et la déchéance de la puissance paternelle peut à bon droit être prononcée, pour bien marquer qu'il ne subsiste rien à cet égard de l'ancien droit patriarcal. La juridiction est également sévère pour le meurtre de la femme (sauf en cas de flagrant délit d'adultère), pour les mauvais traitements qui lui sont infligés lorsqu'ils peuvent être qualifiés coups et blessures, pour l'infanticide, pour l'exposition et l'abandon d'enfant : la Société défend énergiquement ses membres, quel que soit leur sexe et leur âge, contre les abus qui autrefois étaient presque réputés fautes vénielles. Ceci n'est pas pour affaiblir d'ailleurs le lien de famille qui ne peut rien perdre à la répression des abus d'autorité paternelle. Mais on peut se demander si la complète suppression du droit de réprimer sévèrement, sans avoir recours aux juridictions publiques, les fautes commises dans l'enceinte domestique, sous réserve d'un contrôle exercé par un magistrat spécialement désigné à cet effet, n'a pas été nuisible au prestige des ascendants; s'il n'eût pas mieux valu conserver l'institution du Tribunal de famille, pouvant prononcer des peines afflictives et même infamantes, dans bien des cas où les parents répugnent à étaler dans le prétoire les tares des conjoints ou des enfants. On n'a laissé subsister que le droit dit de « correction paternelle » qui ne s'exerce qu'en vue de l'internement dans des maisons de correction, dont on ne saurait dire beaucoup de bien au point de vue rééducatif[1] ; on eût peut-être trouvé aisément des peines spéciales pour les crimes et délits domestiques, les injures, les fautes lourdes n'intéressant que l'agrégat familial ; par exemple, la privation d'une partie des droits à l'héritage, le retard de plusieurs mois ou plusieurs années pour la proclamation de la majorité, l'institution d'un conseil ou d'une tutelle prolongée pour les prodigues, dilapidateurs du bien commun, pour les incapables, etc. En somme, la juridiction pénale telle qu'elle fonctionne actuellement ne paraît pas de nature à renforcer le lien de famille autant qu'on pourrait le demander à un ensemble de mesures coercitives et réparatrices, préventives de nouveaux méfaits, et nettement opposée à une méconnaissance désastreuse de la légitime autorité des ascendants sur les descendants indisciplinés. On a

____

(1) Cf notre « *Criminalité dans l'adolescence* ». (Paris, Alcan, 1910.)

été amené récemment, sur la demande de tous ceux qui se sont préoccupés de la délinquence et de la criminalité juvénile, à créer des « Tribunaux d'enfants », spécialement qualifiés pour la répression toute particulière des méfaits dont les mineurs se rendent coupables dans la vie en société : reste à créer une juridiction familiale pour les méfaits qui intéressent directement l'agrégat domestique. Reconnaître que seuls des juges préparés à apprécier convenablement les fautes des enfants et adolescents peuvent condamner ou absoudre ou appliquer la loi de sursis et de pardon, n'est-ce pas déjà reconnaître que des parents, constitués en Tribunal domestique, peuvent seuls se prononcer en certains cas? Il suffirait d'avouer que le législateur s'est trompé jusqu'ici en oubliant qu'entre l'individu et l'État il y a place pour une force sociale, à renforcer et non à débiliter, celle de la Famille.

CHAPITRE VI

L'ÉVOLUTION DES IDÉES MORALES
ET LE LIEN DE FAMILLE

Les idées et les théories ont sans doute sur les mœurs une influence beaucoup plus restreinte que ne le croient les écrivains et les penseurs. Cependant on ne peut guère nier l'importance des croyances exprimées par l'élite à un moment donné de la civilisation : elles sont généralement en harmonie avec les grands courants de la pensée commune ; elles reflètent des aspirations qui tendent au moins à devenir celles des meilleurs esprits de l'époque. Les grandes théories morales de l'antiquité gréco-latine et des temps modernes ne sauraient donc manquer de nous intéresser lorsque nous recherchons les sources de l'affaiblissement du lien de famille : il nous importe de savoir si cet affaiblissement correspond ou non aux conceptions éthiques des penseurs aux différents moments de l'évolution sociale.

La morale des Anciens reposait sur la confiance dans le pouvoir des bons exemples : on ne parlait pas de Devoir, mais d'Idéal et de Bien. Le Sage était l'homme vertueux par excellence dont on s'efforçait d'égaler le prestige par le développement des facultés requises. Nous nous demanderons donc si le Sage antique était conçu comme ayant des vertus familiales et tel que son activité sociale ou intellectuelle lui permit de maintenir étroitement serré le lien de famille.

Il paraît hors de doute que les Grecs se préoccupaient de l'organisation de la maison : l'Economique tenait une large place dans les théories morales, comme nous le voyons par ce que Xénophon nous fait connaître des idées de Socrate et par ce qu'Aristote dit dans son Ethique et sa Politique de l'organisation de la vie domestique. C'est à la femme qu'incombe le soin de la maison ; Aristote entend qu'elle soit traitée non en esclave, mais en personne libre, en véritable compagne ; son œuvre propre est la direction des soins du ménage où elle règne sans contrôle et où elle commence l'éducation des enfants. Ceux-ci sont les biens des parents ; mais ce sont des biens qu'il s'agit de mettre en valeur ; le père a les plus grands droits parce qu'il lui appartient de transformer progressivement en être raisonnable, un être d'intelligence et de volonté encore faibles. Ainsi les membres de la famille ne peuvent manquer d'être étroitement unis, malgré la hiérarchie qui résulte de leurs aptitudes propres : la femme est inférieure à l'homme, l'enfant inférieur à la femme ; mais l'affection qui les unit est comme l'amitié qui comble les intervalles, efface les distances. La vie de famille est non seulement imposée par la nature, mais par la raison, car elle est à la base de la vie sociale ; la perfection de la vie collective est la fin de l'évolution familiale régulière : qui veut la fin veut les moyens ; or le Sage ne peut l'être pleinement et trouver le bonheur auquel il a droit que dans une société bien organisée ; la vie de famille lui est donc indispensable ; le lien de famille doit être aussi solide que possible ; l'Etat et la Cité, loin

de se désintéresser de l'existence domestique ou de
diminuer la vitalité de l'agrégat fondamental, sont intéressés à sa règlementation. L'Etat a le droit de fixer
l'époque de la procréation, à l'âge le plus convenable,
d'ordonner l'avortement lorsque le chiffre des naissances
dépasse celui qui a été prévu comme favorable au maintien du chiffre normal d'habitants ; il peut prescrire
l'exposition des enfants difformes ; c'est lui qui dirige
l'œuvre d'instruction et d'éducation civique. Ainsi se
concilient les droits de la collectivité restreinte et ceux
de la solidarité sociale : le père, maître chez lui, où il
règne en monarque, mais non en despote, n'oublie pas
qu'il est citoyen et comme tel soumis à l'Etat. C'est lui
qui communique aux autres la perfection relative à
laquelle il est parvenu : il la communique même aux
esclaves qui font partie de la famille, mais qui ne
deviendront jamais des êtres libres, simplement par
suite d'un défaut de leur nature. La liberté correspond
pour chacun au degré de valeur intellectuelle et morale,
à la domination de soi-même : celui qui gouverne est
celui qui sait le mieux se gouverner lui-même et qui
est apte à imposer à tous le respect par sa valeur préé-
minente.

Cette conception paraît être celle d'un grand nombre
de contemporains d'Aristote. Cependant les tendances
communistes avaient dû se manifester avec quelqu'énergie pour que Platon ait pu sans avoir l'air de
choquer trop ouvertement le sentiment de ses conci-
toyens émettre la théorie bien connue du V° livre de
la République. Du moment où l'on admettra que les
femmes ne doivent pas rester au logis, « comme si la
nécessité d'avoir des petits et de les nourrir les rendait

incapables d'autre chose », qu'elles doivent participer à
toute la vie et à toutes les occupations des hommes,
« eu égard seulement à leur faiblesse » pour les dis-
penser des travaux les plus pénibles, on devra leur
donner la même éducation et les mettre indistincte-
ment, comme les hommes, au service de l'Etat : « elles
donneront des enfants à la république, depuis vingt
ans jusqu'à quarante » selon une réglementation qui ne
saurait leur laisser le choix d'un époux ; les magistrats
règleront les rapports sexuels en vue de la procréation
la plus avantageuse à l'Etat. Donc, pas de famille, pas
d'autorité paternelle ou maternelle ; les enfants engendrés par ordre et pour le bien exclusif de la collectivité n'appartiennent qu'à elle, qui seule en a la charge ;
ils ont pour aïeux communs tous les pères de la cité.
Telle est la pure doctrine communiste et étatiste : Aristote en fait la critique, mais non sans avoir rendu
hommage à sa haute portée philanthropique ; elle serait
susceptible d' « établir entre les hommes une merveil-
leuse sympathie ». Si l'on doit la rejeter c'est non pas
qu'elle soit immorale, mais parce qu'elle méconnaît
l'existence naturelle d'une collectivité inférieure à
l'Etat et dont celui-ci ne peut pas se passer. Le communisme, dont on trouvait au moins des germes à Sparte,
n'effrayait donc pas beaucoup les Grecs, qui d'ailleurs
apportaient peu de sentimentalisme dans la vie conjugale ; mais il leur paraissait une théorie d'une douteuse
application pratique et d'une faible efficacité.

La conception traditionnelle de la famille se trouve
sans doute plus nettement présentée que partout ailleurs dans les Lois de Platon (IV⁰ livre). Le sage
est pieux et travaille à ressembler au dieu en mettant

de la mesure, de l'ordre en toutes choses ; donc après avoir fait des sacrifices aux divinités communes, puis à celles de sa famille, il se consacrera sans réserve au service de ses parents, pour leur procurer les biens matériels et ceux de l'âme ; il leur parlera avec le plus grand respect et s'abstiendra de tout manquement même léger à leur égard. Il pourra ensuite remplir ses obligations envers ses enfants : il est en effet nécessaire de se marier et d'avoir des enfants pour « s'assurer en un certain sens l'immortalité en remplaçant une génération par une autre, en sorte que l'espèce est toujours la même ». L'existence de la famille est ainsi justifiée ; elle est une condition de moralité parce qu'elle réalise un ordre indispensable tant au salut individuel qu'au bien collectif. On voit que la distance n'est pas aussi grande qu'on l'a parfois supposé entre Platon, représentant des idées aristocratiques, et Aristote, naturaliste se plaçant volontiers au-dessus des conceptions en conflit, aristocratiques, démagogiques ou despotiques.

Le sage épicurien est bien loin de rechercher le bonheur dans la participation à une vie sociale bien organisée : il se désintéresse de la cité et même de la famille afin de jouir d'une plus complète tranquillité, d'une vie ralentie, dans l'extrême frugalité. Le sage stoïcien se désintéresse lui aussi de la vie de famille et il en vient à ne considérer que sa place personnelle dans l'univers dont il ne lui convient pas de troubler la belle ordonnance. Ainsi les deux doctrines morales qui eurent le plus d'influence sur un grand nombre d'hommes, auxquelles se rattachèrent la plupart des Romains instruits, aidèrent plutôt à la désintégration familiale et favorisèrent l'amitié, l'aide réciproque en dehors de la parenté, plutôt que la solidarité domestique.

Le mysticisme alexandrin ne pouvait qu'accentuer le mépris de ses adeptes pour une existence si terre-à-terre, si aisément dominée par les besoins de la vie matérielle et par les appétits charnels. De son côté le Christianisme n'était pas dans son principe favorable à une solidarité domestique en antagonisme avec le dévouement à la cause sacrée : la morale chrétienne, même lorsqu'elle ne préconise pas l'ascétisme, porte à faire l'apologie du célibat, de la plus complète chasteté, tend à détacher l'individu de tout souci prédominant de la vie matérielle ; or le lien domestique est un lien moral sans doute, mais qui repose sur une solidarité économique ; même sanctifié par le sacrement, le nœud conjugal porte atteinte à la pureté de l'élan spirituel, à la puissance de l'amour de Dieu ; l'idéal chrétien se trouve plutôt dans les couvents et les monastères que dans la famille ; l'entrée d'un fils ou d'une fille dans les ordres cause plus de joie au croyant que leur mariage ; l'union mystique est infiniment supérieure à l'union charnelle. En revanche la morale chrétienne est d'une parfaite rigueur en ce qui concerne la chasteté de l'épouse, après la pureté de la jeune fille, en ce qui concerne aussi la fidélité de l'époux, le respect des parents, le soin affectueux des enfants, la perpétuité des liens familiaux. Mais c'est une morale théologique, bien différente de la morale ancienne qui était indépendante de tout credo religieux et même de tout système métaphysique, bien différente aussi de la doctrine du pur devoir rationnel. Le chrétien qui obéit aux commandements de Dieu et

de son Eglise suit ponctuellement la voie qui lui est tra-
cée : il « sait » ce qui est permis et ce qui est défendu
par un pouvoir suprême auquel il est subordonné par
le seul fait de sa naissance en une famille chrétienne :
le lien de famille est sacré pour lui parce que son Dieu
et son Eglise l'ont voulu ainsi ; son humilité, qui fait
sa grandeur de fidèle, lui interdit de rechercher le
pourquoi de l'ordre surnaturel. Rien de mieux tant
qu'il demeure croyant ; mais qu'advient-il lorsqu'il
perd la foi? Que risque-t-il d'arriver en toute société où
la religion perdra son empire ? La désintégration religieuse n'entraîne-t-elle pas fatalement la désintégration sociale et familiale dans tous les milieux où la
morale théologique est la seule ou à peu près la seule
qui ait réussi à s'imposer?

Or, en fait, la Réformation religieuse mit en question
l'autorité jusqu'alors presqu'incontestée de l'Église
catholique, dans le monde occidental. Le protestantisme a développé l'esprit de libre examen et il a ainsi
largement contribué aux progrès de l'individualisme.
Le cartésianisme de son côté a lui aussi opposé au
principe d'autorité celui de l'évidence, toujours sub-
jective. Depuis le xviiie siècle, les divergences au point
de vue moral n'ont cessé de s'accentuer, et il semble
que nous soyons revenus à une anarchie morale en tout
comparable à celle qui ruina la société gréco-romaine.
N'y a-t-il pas dans le chaos des théories qui sollicitent,
chaque jour plus nombreuses et variées, l'adhésion des
esprits indépendants une des causes de l'affaiblissement
de l'esprit de famille?

On remarque aisément que ceux que l'on appelle les
grands philosophes se sont peu occupés de la question

sociale qui nous intéresse ; ceux qu'on appelle les moralistes paraissent s'en être moins inquiétés que les écrivains qui ont abordé surtout les problèmes historiques et politiques. Le formalisme kantien est porté à reléguer au second plan toutes les questions dites de « morale pratique », au nombre desquelles se trouve celle de la famille ; et rien n'est plus fâcheux que le peu d'attention dès lors prêtée par un grand nombre de penseurs, d'éducateurs, d'esprits curieux, de consciences qui se croient cependant éclairées, à des droits et devoirs de la plus haute importance pour l'individu comme pour la collectivité. Le Devoir en général, l'Impératif catégorique, dont on ne parle qu'avec respect, est aujourd'hui pour bien des personnes le seul objet de la théorie morale. Mais quelles sont les obligations précises qu'entraîne le Devoir quand il s'agit de vie domestique ? Nous voyons bien des personne très sincères affirmer qu'elles font « tout leur devoir » alors qu'elles n'apportent ni affection dans les soins qu'elles donnent à leurs vieux parents, ni vigilance dans la sollicitude dont elles entourent leurs enfants. C'est que le formalisme kantien prête à une incessante casuistique ; il permet de poser pour chaque cas nouveau, la question de l'obligation qui résulte des circonstances. Qu'importe qu'il soit bien entendu que le Devoir m'oblige à examiner comment le précepte adopté peut être transformé en règle universelle, si je puis prétendre qu'un cas semblable à celui qui se présente à moi ne se renouvellera pas, ou ne pourra se renouveler que très exceptionnellement ; si d'autre part je ne suis point d'avis que la vie familiale ou sociale soit une fin à laquelle on ne puisse porter nulle atteinte ? On prétend qu'en

agissant comme je me propose de le faire, je donnerai
un exemple qui ne pourrait pas être suivi par tous les
autres hommes sans que les fondements de la vie sociale
en soient ébranlés ; mais qu'importe à l'anarchiste le
bouleversement total de la vie sociale ? Il faudrait lui
montrer que le maintien de l'existence collective
actuelle est une fin obligatoire ; et c'est ce que le kantisme s'interdit de faire. Et si l'on ajoute que le Devoir
commande de considérer l'humanité en soi comme
fin et jamais comme moyen, croit-on me déterminer
pour autant à faire le sacrifice de mes avantages personnels à la collectivité familiale ? N'est-ce pas au contraire
le Kantisme qui a renforcé l'individualisme, développé
depuis deux siècles auparavant, en faisant de chaque
personnalité morale une fin relativement indépendante ?
Pour bien des esprits, la morale du Devoir est celle de
l'autonomie non d'un être nouménal, mais de tout être
sensible, dans la vie sociale présente ; et une telle autonomie justifie des tendances anarchistes, individualistes,
égalitaires ; la plupart des libertaires pourraient se
réclamer du kantisme ainsi entendu. En admettant que
le formalisme kantien n'ait pas eu des effets funestes à
l'intégration familiale, il paraît en tout cas impuissant
à préserver l'agrégat domestique d'une prompte dissolution. Comment passer en effet du Devoir pur à l'obligation vulgaire de rester étroitement uni à tous les
membres de sa famille ? Il faudrait avoir posé au
préalable comme fin l'organisation sociale, à tous les
degrés intermédiaires entre l'individu et l'humanité : on
ne saurait tirer la notion d'une telle fin de la considération de l'autonomie nouménale.

Kant, en essayant de passer de la morale théorique à

la morale pratique, a été amené en définitive à faire l'apologie du pouvoir despotique de l'Etat ; il a contribué autant qu'avant lui Hobbes et après lui Hegel à la diffusion des idées étatistes, qui sont aujourd'hui le fondement de l'obéissance passive de presque tous les Allemands à quiconque personnifie le pouvoir illimité, indiscutable, indivisible, de l'Etat. Dans le système de morale sociale correspondant à l'étatisme, la place assignée à la famille ne peut être que celle d'un organe au service de l'unique Pouvoir. Le lien social seul importe. Fichte a réagi en faveur de l'indépendance individuelle, mais point du lien de famille. Renouvier, nettement individualiste et plutôt féministe, considère les rapports juridiques entre mari et femme, parents et enfants comme résultant de ce qu'il appelle l' « état de guerre » entre hommes encore incapables de se respecter mutuellement ; dans cet état on peut admettre le contrôle exercé par l'Etat sur la famille, afin de sauvegarder les droits des plus faibles ; mais dans l'état idéal, l'union libre, temporaire, fondée sur un contrat entre égaux et sur le sentiment des devoirs résultant de la naissance des enfants, serait bien préférable au mariage indissoluble qui entraîne le plus souvent hypocrisie, lutte sourde, haine et violence, donc ruine de la vie morale sous prétexte de conservation d'une façade trompeuse. Le néo-kantisme n'est donc pas plus que le kantisme lui-même favorable à la persistance de l'ancienne institution familiale. Quant au pessimisme issu du kantisme, il va sans dire qu'avec Schopenhauer il se montre particulièrement hostile à la famille fondée sur le désir de perpétuer avec la race humaine le vouloir vivre, source de souffrances et d'illusions.

Les théories morales qui prennent pour point de départ les aspirations au plaisir ou au bonheur, soit individuel, soit collectif, et qui préconisent la recherche des moyens les plus efficaces pour des fins purement naturelles (utilitarisme sous ses diverses formes) sont nettement individualistes. En Angleterre, elles se rattachent au mouvement libéral et démocratique qui s'oppose au maintien de la tradition familiale. Stuart Mill, ardent féministe, est trop porté à conseiller à chacun de rechercher ce qui lui est vraiment utile, en tant qu'individu aussi raffiné et clairvoyant que possible, pour vouloir subordonner aucune action personnelle à une autorité familiale. Comme les rationalistes ou les formalistes, les moralistes d'esprit empirique ou naturaliste ont une tendance marquée à passer directement de la considération de l'individu à celle de la Société en général sans tenir compte de l'organisation sociale à ses divers degrés. Il en est de même de ceux qui fondent la morale sur des sentiments de sympathie, de bienveillance universelle, de charité, de pitié, d'amour du prochain, de résignation et de non-résistance au mal ; ils voient l'individu dans un milieu social comme amorphe ou inorganisé, et traitent des rapports entre les hommes, de la conduite à l'égard d'autrui, comme si l'espèce humaine était un troupeau de personnalités juxtaposées, théoriquement indépendantes, susceptibles de se réunir ou de se séparer à leur gré. Ils contribuent ainsi à nous priver d'une morale vraiment pratique, dont le besoin se fait d'autant plus vivement sentir que les individus prétendent se conduire chacun selón ses propres lumières et ses conceptions de la vie, du bien et du devoir.

Seules la morale traditionnelle et la morale positiviste ont apporté leur concours à l'œuvre de conservation sociale en insistant sur la nécessité d'une existence
familiale régulière. Par réaction contre l'esprit révolutionnaire, démocratique et individualiste, les de Bonald
et les de Maistre tentèrent de restaurer l'autorité de
droit divin dans la famille comme dans l'État ; à la
théorie dite « artificialiste » qui fait dériver toutes les
formes d'existence collective d'un artifice ou d'un contrat, établi entre individus primitivement indépendants,
les traditionnalistes, les rationalistes éclectiques, les
partisans du « droit naturel » même, ont opposé la
conception d'une organisation providentielle ou naturelle, foncièrement la même pour les collectivités
domestiques et nationales, celle du régime monarchique.
La famille est le prototype ou l'embryon de l'État ; elle
est la base de la vie sociale ; l'autorité familiale est la
condition *sine qua non* du maintien de l'ordre dans
l'État et de la moralité dans l'individu ; la volonté du
chef de famille doit toujours être présumée juste et
bonne, par les enfants, quel que soit leur âge.

Auguste Comte s'est placé nettement à l'encontre des
vues individualistes : l'unité sociale n'est pas l'individu ; c'est la famille, cellule du grand organisme
vivant, élément composé dont la dissolution peut mettre
en péril tout le corps. La vie domestique a précisément
une haute portée morale parce qu'elle constitue la
seule transition naturelle de la pure personnalité à la
vraie sociabilité, de l'égoïsme initial à l'altruisme final.
L'instinct sexuel et l'instinct maternel sont encore foncièrement égoïstes ; mais ils entraînent des relations
spéciales propres à développer tous les penchants sociaux.

La famille humaine fait l'éducation graduelle du sentiment social en nous faisant sentir à tous la continuité et la solidarité : elle a donc une haute fonction morale. Les enfants débutent par l'obéissance passive ; mais le respect et la reconnaissance, les sentiments de vénération et d'affection développent en eux la moralité qui est faite d'amour pour les supérieurs. C'est une véritable aberration que la tendance de certains « théologismes » à représenter le mariage comme destiné simplement à la propagation de l'espèce, et à ériger le parfait célibat en idéal de la moralité sexuelle; le véritable objet du mariage est le perfectionnement mutuel des deux sexes : l'attachement conjugal mène à un degré supérieur de bonté et d'altruisme ; la paternité enseigne à aimer les inférieurs, la fraternité à vivre pour autrui, selon la maxime fondamentale du positivisme. C'est afin de mieux développer sa nature morale et sa supériorité au point de vue sentimental que la femme doit accepter avec reconnaissance la juste domination de l'homme; quand elle s'y soustrait, elle se dégrade par le trop libre essor d'un orgueil et d'une vanité antagonistes des sentiments plus proprement féminins. La femme émancipée est donc une femme diminuée (c'est sur ce point que Stuart Mill se montra le plus éloigné des idées d'Auguste Comte). La femme occupée au dehors perd sa principale raison d'être en même temps qu'une partie de l'influence qu'elle doit exercer sur son mari pour le bien et le progrès de l'humanité. La morale positiviste exige « l'affranchissement de tout travail extérieur chez la femme et sa surintendance générale de l'éducation domestique ». La mère peut seule élever convenablement les enfants jusqu'à l'adolescence ; elle est le centre moral de la famille, où le positivisme cherche avant tout « à systématiser l'influence spontanée du sentiment féminin sur l'activité masculine ». Par réaction contre le malthusianisme, Auguste Comte préconise la « pluralité des enfants », mais il reconnaît les avantages sociaux de la limitation volontaire à un petit nombre (trois en principe dont un au moins du sexe féminin). Il accorde au père la pleine liberté de tester, afin que les enfants cessent de convoiter l'héritage. Il complète la monogamie par la loi du veuvage, pour assurer « l'entière fixité des relations filiales ».

L'influence de cette théorie positiviste a été à peu près nulle tant à l'époque où elle fut émise et où l'on doutait de la santé psychique de l'auteur, que depuis, dans la seconde moitié du xixe siècle et au xxe siècle. Nous voyons surtout dans l'insistance d'Auguste Comte sur ce sujet l'indice d'un besoin profondément senti de réagir contre une dissolution familiale déjà avancée et contre des doctrines tant philosophiques que politiques plutôt favorables à cette désintégration. Le fondateur du positivisme est un de nos plus éminents conservateurs du siècle passé : il a cru impossible une restauration du pouvoir religieux et il a rêvé de remplacer le pouvoir spirituel de Rome par celui du chef de la nouvelle École. Au fond, il a repris les idées d'Aristote en les combinant avec son culte si souvent maladif de l'influence féminine. Lorsque Proudhon s'oppose aux saint-simoniens et aux fouriéristes, il se garde bien de chercher, comme le fit Auguste Comte, à substituer à l'autorité spirituelle déchue un pouvoir analogue. Si Proudhon veut lui aussi « garder la femme au foyer » et lui interdire tant l'agitation politique que les travaux extérieurs au ménage, il se garde bien de « déclarer que sur la famille la société tout entière devrait se modeler... faisant disparaître par la double vertu de la fusion des cœurs et de la subordination des volontés, toute trace d'individualisme » (Bouglé). La famille est « la sphère de l'autorité et de la subordination »; en prenant dans la famille le type de la société, on aboutit au despotisme; ce n'est donc pas comme prototype de la vie sociale que la vie familiale mérite d'être conservée et développée. Proudhon demande à l'agrégat domestique d'être non le berceau de l'autorité, non une école de fraternité, mais un organe de la justice; il attend de son évolution qu'il devienne apte à façonner les consciences droites et fermes qui seront les soutiens de l'égalité. Il ne s'agit de rien de moins que de faire pénétrer la moralité théorique dans le domaine des réalisations : la justice ne peut pas se contenter d'être reconnue par la raison; il lui faut l'appui du sentiment; le mariage et la vie de famille faciliteront l'éducation sentimentale en vue de la justice sociale. Le couple humain permet aux « moi » de se compléter en corrigeant leurs absolutismes : le célibataire est bientôt « insociable, intraitable, inabordable »; pour devenir normal, il lui faut s'intégrer dans un agrégat qui soit comme une école élémentaire de sociabilité. Entre l'individu égoïste et la société l'antagonisme deviendrait vite irréparable rupture : l'esprit de famille est une initiation à l'esprit civique; le groupe familial soutient l'effort individuel, refrène l'orgueil en exaltant les légitimes fiertés; la femme aimée est, malgré son infériorité, un juge devant laquelle le mari ne voudrait pas avoir à rougir d'une injustice. « La femme est un auxiliaire pour l'homme, parce qu'en lui montrant l'idéalité de son être elle devient pour lui un principe d'animation, une grâce de force, de prudence, de justice, de patience, de courage, de sainteté, d'espérance, de consolation... » Ainsi Proudhon concilie son souci persistant d'autonomie individuelle avec l'autorité et la solidarité dans la famille; aucune conscience morale n'est tenue d'abdiquer par le fait qu'elle se plie à la vie domestique; l'opposition des « moi » libres subsiste, malgré les concessions qu'ils se font.

La théorie de Proudhon n'a certainement pas eu plus d'influence que les autres sur les mœurs familiales de notre époque ; mais ce qui est précisément regrettable c'est que d'un côté l'esprit de système porte chaque théoricien à exagérer la portée d'une tendance dominatrice ou d'une idée directrice au détriment d'autres conceptions d'au moins égale valeur, et que d'autre part l'indifférence de la plupart des gens croisse à mesure que les systèmes deviennent plus nombreux, en antagonisme les uns avec les autres ; de telle sorte que plus un moraliste s'efforce de faire accepter une doctrine qu'il croit salutaire, plus il contribue en fait à développer la tendance à une périlleuse anarchie morale. Une des caractéristiques de notre époque semble être non pas même un scepticisme plus ou moins justifié, mais une véritable atonie de la conscience individuelle et collective en présence de problèmes graves tels que celui de l'existence de la famille ou de sa dissolution. On a incriminé le matérialisme et l'athéisme; mais y a-t-il vraiment des matérialistes et des athées en si grand nombre et leur influence est-elle assez grande pour expliquer l'amoralisme? C'est se complaire dans des idées confuses qu'appeler athée celui qui n'accepte pas tel ou tel dogme religieux, et matérialiste celui qui cherche une explication scientifique des phénomènes sans éprouver le besoin de se rattacher à un dogme spiritualiste ou métaphysique quel qu'il soit. On ne saurait pousser l'intolérance jusqu'à prétendre que quiconque n'a pas de convictions spiritualistes et religieuses ne peut pas être un homme de conscience et de devoir, profondément attaché à sa famille. Les croyances métaphysiques que l'on adopte librement, en connaissance de cause (les seules qui comptent, puisque les autres ne sont que manifestations de la suggestibilité ou de la puissance de l'éducation et de la contrainte sociale), sont d'ordinaire celles qui répondent le mieux au caractère déjà en majeure partie déterminé et à une orientation déjà nette de la conduite : l'adoption d'une théorie morale et d'une conception de la famille est généralement l'effet et non la cause des sentiments que l'on éprouve et des décisions fondamentales que l'on a déjà prises. Si donc la majeure partie des hommes de notre temps ne montre qu'indifférence pour les idées morales exposées sous les formes les plus diverses, c'est que les problèmes de conduite individuelle et collective ne leur offrent aucun intérêt, c'est qu'ils n'éprouvent pas le besoin de se décider.

On pourrait estimer que la multiplicité des théories désoriente ceux qui cherchent de bonne foi à se faire une opinion; c'est sans doute vrai d'un petit nombre d'hommes désireux de s'instruire et tiraillés en tous sens par des doctrines tantôt communistes, tantôt individualistes, ou encore soit étatistes, soit anarchistes, à allures libérales ou conservatrices. Mais ce n'est pas

exact si l'on considère les masses : il manque assuré-
ment au plus grand nombre une « morale », unique,
simple, précise, se formulant en préceptes clairs et d'une
autorité incontestée ; pour remplacer l'unité d'obédience,
on n'a encore rien trouvé, ni sens commun ou bon sens,
ni raison universelle, ni consentement général à l'adoption d'un tout petit nombre de principes. Toutes les
institutions sociales en pâtissent, et surtout la famille
qui a besoin d'étayer l'autorité maritale et paternelle
par une force morale. La diversité des conceptions philosophiques, religieuses ou morales ne nuit donc pas
autant que l'instabilité des mœurs et l'absence de
grands courants d'opinion publique.

La cause morale de la désintégration familiale est
par conséquent la lassitude ou l'affaissement des consciences, la faiblesse générale des caractères, l'indifférence collective pour tout ce qui ne touche pas à des
intérêts immédiats, et ne relève pas d'un utilitarisme
sans raffinement, souvent sans délicatesse. Au temps
d'Epicure, le monde civilisé a été en proie à la même
torpeur morale : on aspirait à une quiétude fondée sur
l'oubli des problèmes moraux et sur la méconnaissance
des plus hauts intérêts humains ; l'Epicuréisme fut en
conséquence hostile à toute préoccupation d'ordre familial ; et le Stoïcisme ne parvint à susciter une tension
morale chez un grand nombre d'adeptes qu'en posant
des problèmes nouveaux en harmonie avec un état politique profondément troublé. La famille ancienne périt du
commun abandon des questions relatives et à la vie
domestique et à ses rapports avec l'éthique individuelle
ou sociale. La famille chrétienne a été à son tour mise en
péril par l'indifférence religieuse, contre laquelle le

protestantisme n'a pu réagir qu'en exaltant la confiance de l'individu en soi-même. La famille à fondement purement civil ou laïque est menacée d'autant plus qu'elle n'a jamais été mise en valeur par une foi quelconque, philosophique ou morale. Son défaut originel de vitalité s'accentue sans cesse : il lui faudrait des volontés librement associées pour la soutenir et la défendre : la crise actuelle vient de leur absence.

L'amoralisme du plus grand nombre fait l'indulgence de l'opinion publique et des divers milieux pou. les défauts qui portent atteinte en l'individu à l'esprit de famille et pour les actes répréhensibles au point de vue domestique. Du moment où l'on ne sait pas d'une façon certaine, et où l'on ne cherche pas à savoir d'une connaissance relativement sûre ce qui doit être fait ou doit être évité pour se comporter moralement à l'égard des différents membres de la famille; du moment où l'on ne s'inquiète pas de l'absence de convictions stables à ce sujet, comment approuverait-on ou oserait-on réprouver les actes d'autrui ? Un mari est-il infidèle, polygame en fait ? L'opinion publique ne le blâme pas et bien des gens l'excusent soit en invoquant le mauvais caractère ou le peu d'agréments physiques de son épouse légitime, soit en niant que la monogamie soit vraiment conforme à la nature humaine. Une femme est-elle adultère ? On affirme que l'amour ne se trouve guère qu'en dehors du mariage ; et les écrivains, les romanciers de renchérir sur ce thème favori en multipliant les cas imaginaires dans lesquels le rôle de l'amant est de beaucoup plus séduisant que celui de l'honnête homme trompé. Le fils manque-t-il d'égards pour ses vieux parents qui ont sacrifié leur santé et leur

paisible bonheur à l'avenir de leurs enfants ? On se hâte
de montrer qu'il ne pouvait guère en être autrement
et que c'est par leur faute en définitive que le père et
la mère se trouvent dans la situation d'êtres sacrifiés et
méconnus. Et ainsi de tout ce qu'une conception jugée
désuète des obligations familiales eût en d'autres temps
fait condamner sévèrement. La littérature, le théâtre,
le roman, le feuilleton de journal, le cinématographe,
la revue illustrée, les publications satiriques (et à demi
pornographiques souvent) ont émoussé la sensibilité
morale de la multitude et même de gens qui prennent
le snobisme pour de l'élégance et l'indifférence morale
pour un raffinement de civilisé, à tel point que l'on
paraîtrait singulièrement morose et rétrograde à prétendre voir une disposition anormale dans la tendance
confirmée à apporter la plus grande désinvolture dans
les relations familiales.

Telle est la source de la complaisance générale pour
des mœurs funestes à la solidité du lien de famille.
La voix du moraliste se perd dans le concert ; la suggestion du romancier, du journaliste, du feuilletoniste,
de l'acteur, de l' « artiste » de music-hall, est recueillie
par des gens de toute condition et de tout âge ; ses
effets sont amplifiés par l'imitation et c'est tout juste
s'il n'est pas ridicule en certains milieux de continuer
à vivre « prosaïquement », en simple honnête homme
au foyer domestique.

CHAPITRE VII

MOYENS DE FORTIFIER ET RESSERRER
LE LIEN DE FAMILLE

« On ne peut rien contre les mœurs », si ce n'est tenter
de les modifier. On ne transforme pas les mœurs d'un
peuple, et *a fortiori* de presque tous les peuples devenus
étroitement solidaires, par la législation : la loi est ino-
pérante et les sanctions pénales vaines si les prescriptions ne correspondent pas à des exigences de l'opinion
publique ou de la « conscience sociale ». Les théories
de leur côté sont visiblement inefficaces ; cependant il
faut bien savoir où l'on veut aller, et c'est pourquoi les
théories sont indispensables. Nous devons donc rechercher d'abord pourquoi et comment nous entendons for-
tifier et resserrer le lien de famille, actuellement si
affaibli.

Toutes les doctrines méritent d'être prises en considération, non par parti-pris d'éclectisme, mais parce que
chacune correspond à un point de vue humain. Il ne
s'agit pas de les juxtaposer ; on n'obtiendrait qu'inco-
hérence plus ou moins habilement dissimulée ; pas
de prendre en chacune une partie supposée la meilleure : on méconnaîtrait l'unité systématique de chacune, où la partie ne vaut qu'en fonction du tout.
Il s'agit de faire une synthèse originale, supérieure

si possible aux précédentes. Du communisme nous retiendrons son idéal de fraternité, de bienveillance réciproque, de dévoûment spontané de chacun à la cause commune. Mais après Aristote, nous estimons que le meilleur moyen de parvenir à la plus haute unité synthétique dans la société la plus large n'est pas de supprimer les modes d'organisation naturelle et élémentaire, tels que celui de l'existence familiale. De l'individualisme, nous retiendrons l'idéal de respect pour la personne morale autonome ; mais après Proudhon et Auguste Comte, nous estimons que l'individu ne parvient à se réaliser pleinement que dans la solidarité sociale, à commencer par la solidarité domestique, conjugale et familiale. Du traditionalisme nous retiendrons l'idéal d'une hiérarchie ; mais nous estimons après les réformateurs qu'il s'agit d'une hiérarchie fonctionnelle, dans laquelle chacun conserve sa dignité et sa relative indépendance, quel que soit le rang qu'occupe sa fonction. De l'étatisme, nous tirerons l'idée d'une protection constante des faibles par la collectivité organisée à l'encontre de tout despotisme et pour prévenir tous les abus de pouvoir ; mais nous nous garderons de substituer l'action de l'État à celle des forces morales et sociales plus proches de l'individu. Les théoriciens du contrat social et de l'origine contractuelle des liens sociaux, y compris ceux de la vie domestique, nous feront concevoir un idéal de complète adhésion de chaque être, libre par sa volonté raisonnable, à l'établissement de rapports constants entre eux ; mais nous ne pourrons pas admettre, contrairement aux faits, que tout soit contractuel à la base des agrégats naturels tels que la famille. Les utilitaires et les théoriciens du déterminisme économique nous amèneront à reconnaître que les intérêts matériels communs doivent être pris en considération ; mais nous superposons à l'égo-altruisme foncier, à l'intérêt de chacun bien entendu, les sentiments plus élevés d'amour réciproque, de confiance mutuelle, d'affection, de charité ; et s'il faut tenir compte des nécessités de la vie matérielle, des moyens d'adaptation technique, des exigences de la vie pratique, nous ne voyons pas qu'il soit possible de méconnaître la puissance des idées et l'attrait d'un idéal supérieur à celui d'une parfaite organisation économique. Nous admettrons que les sentiments ont une large part dans l'existence commune ; mais nous montrerions aisément que l'instabilité des sentiments, les plus complexes, les plus élevés, comme celle des plus simples et grossiers, exige l'intervention de la volonté raisonnable pour maintenir les liens que la tendresse, l'amour plus ou moins passionné ou toute autre inclination ont le plus largement contribué à établir.

La famille nous apparaît donc comme un organe indispensable de la vie sociale et morale : organe qui comme toute partie d'un système agissant est à la fois moyen et fin. Elle a sa valeur et sa dignité propres, malgré sa subordination à des fins individuelles et collectives, tout comme les personnes qui la composent ont chacune sa valeur et sa dignité propres, malgré leur subordination à des fins familiales et largement humaines. Il faut que la famille subsiste pour permettre à tout homme de réaliser pleinement sa nature et à l'humanité entière de se perfectionner par un effort indéfiniment prolongé ; il faut que l'hérédité normale permette à chaque génération de marquer une « étape » vers une fin idéale et aux aïeux de n'avoir pas travaillé en vain à une tâche qui dépasse la portée sensible de l'existence individuelle. Le lien de famille doit donc être conservé, fortifié, resserré autant que possible. Il doit donc consister en un étroit rapport de solidarité entre tous les membres vivants de l'agrégat domestique, rattachés aux membres disparus par une hérédité non seulement biologique, mais intellectuelle et morale, et unis pour leur perfectionnement réciproque, dans le commun désir de permettre aux enfants de nouveaux et incessants progrès.

La fin étant posée, il semble que la connaissance des causes de désintégration familiale doive suffire à nous indiquer les remèdes appropriés ; mais il faut compter avec les impossibilités : on ne peut pas contraindre les fleuves à remonter vers leur source, parce qu'il faudrait au préalable modifier le système total des pentes d'une vaste région ; de même on ne peut pas remonter les grands courants sociaux parce qu'il faudrait changer tout le système des relations économiques, politiques, juridiques et autres depuis longtemps en voie de constitution. Nous devons donc nous rendre compte des difficultés d'amélioration et tout d'abord de celles qui sont insurmontables.

Nul ne peut songer sérieusement à renoncer comme le voulait Tolstoï, apôtre du retour à la vie chrétienne primitive et à la simplicité de l'existence patriarcale dans le calme des champs, à toute la civilisation actuelle fondée sur le développement des aptitudes techniques dans de vastes entreprises industrielles et commerciales. L'industrialisme moderne est un mal contre lequel on ne peut réagir qu'avec une extrême lenteur et par des voies détournées : on ne peut pas éviter que les travailleurs désertent de plus en plus les campagnes mal dotées au point de vue outillage, machines, transports, moyens de communication ou d'instruction ou de distraction, mises en état d'infériorité par les soins presque exclusivement donnés aux cités les plus peuplées; il est impossible que les grands ateliers ne cherchent à se rapprocher les uns des autres en des cités industrielles qui deviennent vite géantes et pour autant nuisibles à la santé, physique ou morale, de l'individu, de la collectivité domestique. On ne saurait prévoir une résistance des milieux à l'action dissolvante des noyaux anarchistes, ou libertaires ou communistes, constitués par des individus qui exagèrent volontiers toutes les indépendances, — à l'action malsaine des ports de commerce voisins, des bourgs où l'immoralité règne, — à l'influence pernicieuse du luxe, de la dépravation, du snobisme qui gagnent des grandes aux petites villes et jusqu'aux villages ruraux. La complexité croissante des affaires publiques ne permet pas d'espérer une diminution du fonctionnarisme et une tendance moins marquée à la dispersion aux quatre coins du pays sinon aux quatre coins du globe des éléments jadis étroitement rattachés au foyer familial. L'intérêt croissant que les citoyens prennent aux affaires publiques ne pourra que les inciter à vivre davantage au dehors et à partager leur temps entre les réunions de toutes sortes, les comités, les ligues, les associations extra-familiales et la vie plus intime...

La famille doit donc chercher à « vivre avec ses ennemis », et pour cela s'adapter aux nouvelles formules d'existence collective. Des tentatives de réaction brutale ne donneraient aucun résultat si ce n'est juste le contraire de celui qu'on se croirait en droit d'espérer : ni l'État, ni l'Église, ni une oligarchie quelconque, ne parviendraient à imposer une rétrogradation dans un sens diamétralement opposé à celui de l'évolution manifeste depuis de nombreuses années. Il ne peut être question que d'adaptation réciproque, dont les « extrémistes » de tous genres fassent les frais. Il y a un type de famille industrielle et commerçante à réaliser ; le type de l'agrégat domestique doit cesser d'être uniforme pour se plier aux diverses conditions d'existence du milieu et aux diverses fonctions économiques, politiques, sociales, à remplir par les différents membres de cet agrégat. L'erreur manifeste a été de vouloir maintenir quand même un seul mode de solidarité familiale, alors que ce qui importait c'était de maintenir une réelle solidarité.

Le lien conjugal ne saurait dépendre simplement du caprice des contractants : la dignité de la femme, l'éducation des enfants, la valeur de l'homme, les soins à donner aux vieux parents, le perfectionnement de chacun, la stabilité des relations sociales, l'ordre dans la cité et dans l'État exigent, que l'union librement consentie survive aux entraînements de la passion toujours trop passagère, et même aux liens de l'affection mutuelle. L'individu doit porter les chaînes qu'il a rivées en connaissance de cause ; quand le sentiment et l'intérêt matériel n'ont plus rien à voir dans la vie conjugale, le devoir subsiste et la raison commande : les époux doivent rester unis pour remplir en commun toutes les obligations communes. L'union légale doit donc être en principe aussi indissoluble que l'exige un contrat d'une portée exceptionnelle, sanctionné par la promesse d'user de la contrainte sociale organisée pour le faire respecter. Le divorce pourrait n'être prononcé qu'après des efforts sincères (et non de vaines formalités judiciaires) pour l'éviter, et seulement dans le cas où les époux seraient sans enfants et manifesteraient librement l'un et l'autre d'une irrémédiable répugnance pour l'existence en commun, chacun étant assuré de pouvoir mener décemment, plus décemment qu'auparavant, une vie indépendante. La diminution marquée des cas de séparation définitive entraînerait un plus grand respect de tous pour le lien conjugal, moins d'irréflexion dans la décision qui aboutit au mariage, une plus grande appréhension des causes de froissement et de désaccord, un plus vif désir de consolider l'union par toutes les concessions possibles. Pour qu'il en soit ainsi, il faudrait que la magistrature ne se désintéressât point de la grande cause morale qu'elle a mission de servir et ne se bornât point à montrer un respect facile et formaliste pour la lettre de la loi ; il faudrait une magistrature morale secondée par une sorte de magistrature domestique toutes les fois que celle-ci pourrait intervenir utilement pour prévenir l'action publique et juger dans une sorte d'intimité domestique de la portée des griefs formulés par des époux désunis. L'institution d'un Conseil de famille ou Tribunal domestique, offrant les plus grandes garanties d'impartialité pour les deux parties, aurait d'ailleurs une portée plus considérable encore si son intervention se produisait en d'autres cas, déjà indiqués plus haut. Ce ne serait pas porter atteinte à la légitime indépendance des individus que de les obliger à porter leurs différends les plus graves devant des parents bien intentionnés avant d'étaler leur misère conjugale en plein prétoire ; et ce serait donner à la famille un renouveau de vitalité que de l'associer tout entière à une œuvre de conciliation.

Mais pour que le lien conjugal ait les plus grandes chances de conserver sa solidité, ne serait-il pas bon que le contrat pût, comme l'ont demandé de sincères amis de la famille, être à la fois moins rigide dans sa forme légale et plus explicite sur bien des points ? Le Code civil montre par toutes ses prescriptions en matière matrimoniale (comme en tout autre d'ailleurs) combien la préoccupation des biens matériels l'a emporté sur le souci des biens moraux, dans l'esprit de législateurs qui semblent n'avoir vu que la nécessité de réglementer l'administration de la fortune commune. Le contrat de mariage aurait bien d'autres questions à régler avant l'entrée en ménage : par exemple, dans quelle mesure la mère pourra être chargée de l'éducation intellectuelle et morale des enfants, dans quelle sphère elle pourra prétendre exercer, à raison de ses compétences particulières ou de ses goûts, une véritable direction ou maîtrise, limitant le pouvoir marital et paternel. Toute l'administration de la maison ne saurait incomber au mari, surtout s'il est absorbé par les affaires commerciales ou industrielles ou par une fonction publique : il est donc inopportun en bien des cas que le pouvoir marital et paternel soit proclamé sans restriction comme s'étendant à tous les moments et à tous les détails de la vie domestique. Plus de souplesse dans l'application des dispositions législatives communes permettrait des accommodements, des adaptations réciproques, favorables à la bonne entente des époux et à l'union de tous les membres de la communauté. Les survivances du régime patriarcal n'ont plus de raison d'être dans une famille fondée sur le respect mutuel des personnes morales : un mari incapable au point de vue intellectuel ou pratique ne peut plus avoir la prétention d'imposer ses décisions arbitraires à une femme plus instruite, plus habile, mieux douée que lui. Le chef de famille n'est pas nécessairement et toujours l'homme : le despotisme marital et paternel mettant en danger l'union morale de l'agrégat, il est à souhaiter que ce despotisme soit écarté à l'avance par une loyale et nette délimitation des pouvoirs de chacun. Les revendications féministes seront en majeure partie rendues superflues par un partage équitable de l'autorité fondée sur la hiérarchie fonctionnelle.

Pour que certains agrégats domestiques deviennent des familles normales, il suffirait de transformer les « unions libres » en unions légales toutes les fois que des enfants seraient reconnus par le père et la mère non mariés : la société ne peut pas contraindre des individus à un régime matrimonial qui leur paraît contraire à leur désir d'indépendance ; elle a cependant le droit de prendre la défense des enfants que l'absence d'état civil régulier met dans une situation d'infériorité sociale par rapport aux autres, dits légitimes. Etant donné le nombre croissant de ménages dans lesquels aucune garantie de durée n'est offerte à la femme et aux enfants, ce serait lutter en faveur d'un lien normal que d'atténuer les exigences légales qui maintiennent une distinction susceptible de donner lieu à un regrettable antagonisme.

Il ne s'agit pas de ressusciter comme on l'a demandé parfois les distinctions de l'ancien droit romain et d'établir comme diverses sortes de mariage ; mais simplement de donner à l'union de fait, qui a résisté à l'épreuve du temps, les effets de l'union légale, soit à la demande de l'un des contractants véritables, soit d'office dans l'intérêt des enfants ; la séparation par exemple ne pourrait plus s'effectuer sans donner lieu à une indemnité pour celui des époux de fait qui se trouverait matériellement lésé par un abandon injustifié. Plus l'union libre entraînerait avec le temps de charges pour chacun de ceux qui l'adoptent, plus on serait généralement enclin à lui préférer l'union légale, au profit des bonnes mœurs et de l'équité. L'opinion publique, qui se montre tolérante en certains milieux pour la vie domestique sans fondement légal, mais à la condition que l'existence s'y montre régulière, ne saurait être hostile à des dispositions légales adoptées dans l'intérêt des enfants et de l'ordre social : elle y trouverait non une justification de l'anomalie, mais une manifestation du besoin d'adaptation réciproque, qui exclut les intransigeances nées du dogmatisme.

La puissance maritale est en fait bien amoindrie dans la plupart des ménages ; il n'y a d'ailleurs aucune raison de maintenir l'incapacité légale et juridique de la femme, sa « perpétuelle minorité », toutes les fois que les intérêts communs ne sont pas en cause. Pourquoi la femme ne pourrait-elle pas ester en justice sans le consentement de son mari, alors qu'il lui suffit d'obtenir en cas de refus l'assentiment du tribunal ? Pourquoi une femme qui peut être commerçante, diriger à sa guise une grande entreprise, serait-elle vraiment inapte à faire des affaires qui n'engageraient en rien l'avoir commun ? Il y a vraiment trop d'entraves artificielles dans nos codes civils : elles ont pour effet d'aigrir les esprits au détriment de l'entente des époux et sans profit pour l'autorité effective du mari. On ne saurait aller cependant jusqu'à autoriser la femme à mener près ou loin de son mari une existence totalement indépendante ; ce qui serait favoriser la dissolution effective de la famille ; il convient que les deux époux et leurs enfants habitent ensemble, non « où il plaît au seigneur et maître de résider », mais où le commande l'intérêt commun, dont un conseil de famille pourrait éventuellement être juge en première instance.

La puissance paternelle est intimement liée à la puissance maritale ; si l'on admet que le mari puisse ne pas être légalement un despote et qu'il partage l'autorité avec la femme qu'il a jugée digne d'être sa compagne, son associée dans la grande entreprise familiale, on admettra aisément que les enfants doivent même respect aux deux époux et qu'ils aient comme le droit de demander aux parents de se mettre d'accord avant de leur dicter des ordres : au lieu d'une femme résignée à voir son fils ou sa fille obéir à des injonctions paternelles qu'elle réprouve (et dont elle peut garder un souvenir amer, une rancune vivace), on ne verrait plus que des époux se concertant et s'accoutumant toujours davantage à la meilleure entente possible.

Une des questions qui se posent le plus souvent dans la pratique est celle de l'indépendance des enfants parvenus à un âge où ils estiment pouvoir se conduire eux-mêmes, sans recourir aux lumières de leurs parents et sans avoir à subir leurs injonctions. L'ancien droit et

les anciennes coutumes n'admettaient pas qu'un fils
pût jamais désobéir à son père : en fait, les désobéis-
sances étaient fréquentes et les conflits qui en résultaient désagrégeaient la communauté domestique. En
fixant à vingt et un ans l'âge de la majorité légale, le
législateur répondait à une exigence du moment ;
depuis, on a été amené à abaisser à dix-huit ans pour
certains cas, à seize pour d'autres, l'âge d'une émancipation restreinte. Il va sans dire que l'uniformité est
ici en opposition avec les différences naturelles de développement intellectuel et moral : les parents sensés
savent fort bien émanciper en fait leurs enfants à l'âge
le plus convenable ; mais ne conviendrait-il pas que
toutes les fois qu'un conseil de famille le jugerait nécessaire l'âge de la pleine majorité pût être retardé, afin
de permettre aux parents de continuer à exercer une
indispensable tutelle ? — Quant au salaire des mineurs,
que la législation récente tend à ne laisser aux parents
que comme un pécule, il peut paraître contraire à un
sain esprit de solidarité familiale qu'il n'entre pas dans
la masse des revenus domestiques : on craindrait moins
le mauvais usage que peut faire le père prodigue,
joueur ou ivrogne, du gain de ses enfants, si la mère
était mieux armée pour la sauvegarde des intérêts
communs. L'autorisation donnée aux mineurs de verser
directement aux Caisses d'épargne et aux autres caisses
de prévoyance ou de secours mutuels participe du même
esprit de défiance à l'égard des abus d'autorité paternelle ; mais du moment où elle ne fait que développer
les tendances à l'action égoïste, ne vaudrait-il pas mieux
réagir contre un individualisme excessif en autorisant
des versements et dépôts faits au nom de la famille

entière, le consentement des deux parents au moins
étant nécessaire pour le retrait des fonds ? — Ce serait
l'amorce du véritable « bien de famille », que l'on n'est
pas parvenu à constituer par l'imitation du Homestead
américain. Au lieu de rester dans les cadres trop étroits
d'un droit hostile à la constitution de vraies communautés domestiques, on pourrait entrer dans une voie
résolument divergente : la famille aurait son bien, inaliénable pour une large part, et transmissible à l'un des
fils, choisi par le père et la mère, à charge à lui de
fournir, tout comme un légataire universel, des secours
bien définis à ses frères ou sœurs et à leurs descendants
en cas de besoin. Sans restaurer l'ancien droit d'aînesse, puisque le bénéficiaire (apparent) serait le descendant le plus qualifié et non pas nécessairement l'aîné
des enfants, on assurerait ainsi au lien matériel des
membres de l'agrégat une assez longue persistance pour
que la dispersion même des personnes ne puisse le
rompre avant que la parenté ne devienne trop éloignée
pour le rendre superflu. La liquidation de ce bien et
son partage entre les familles cohéritières pourrait en
effet ne se faire qu'à la troisième génération, afin que
les cousins issus de germains se sentent encore rattachés à un foyer commun par des liens tangibles.
L'attachement des petits-enfants aux grands parents
serait accru par l'effet naturel d'une solidarité unissant
un plus grand nombre d'éléments ; le respect des ascendants serait fortifié et les traditions familiales pourraient avoir plus de poids. Il serait souhaitable que
l'on revînt notamment aux vieilles coutumes qui faisaient des réunions périodiques et au moins annuelles
de tous les membres de la famille (aïeuls, parents,

enfants et petits-enfants, oncles, tantes, cousins les plus rapprochés), une règle à peu près inviolable : le Conseil de famille, — susceptible de devenir le « Tribunal domestique » dont on a vu plus haut le rôle éventuel dans la correction des jeunes indisciplinés, rebelles à l'autorité des parents, — aurait d'autant moins besoin de se constituer à part que tous les ascendants capables de remplir avec autorité leur mission morale se trouveraient fréquemment réunis et pourraient intervenir plus discrètement. On trouverait encore des « familles » (et nous en connaissons) où quelque chose d'analogue à un Conseil d'anciens officieusement constitué se produit au profit de la discipline intelligente et souple dans chaque foyer ; dans l'une d'elles l'oncle paternel est le véritable arbitre des petits conflits et comme un censeur bienveillant, mais ferme, de la jeunesse turbulente.

L'habitat joue évidemment un grand rôle dans l'attachement des individus à la famille : rien ne doit donc être négligé pour rendre la demeure commune aussi gaie, saine, agréable, que possible. On a signalé plus haut l'heureuse influence des habitations ouvrières et des jardins ouvriers sur les populations industrielles : il importe de favoriser le plus largement possible la multiplication des sociétés qui entreprennent d'attirer et de retenir dans la banlieue des grandes villes les ménages de travailleurs économes et prévoyants. On a mainte fois envisagé dans ces dernières années une transformation complète des mœurs industrielles par l'établissement à la campagne des travailleurs que des trains spéciaux porteraient rapidement à l'usine et en rapporteraient, à l'heure exacte de la reprise et de la cessation du travail : combien d'entraînements malsains seraient ainsi évités, et combien la vie de famille s'imposerait aisément ! Le perfectionnement de l'outillage permet de diminuer le nombre d'heures de labeur quotidien et d'augmenter celui des heures de loisir ou de repos : que ce soit au profit de la saine existence domestique. Les industriels ont été invités à rendre leurs ateliers moins insalubres, plus confortables, plus conformes aux préceptes de l'hygiène ; beaucoup de patrons ont créé dans l'usine même des bibliothèques à côté de salles de bains-douches et de réfectoires : pourquoi ne se préoccuperaient-ils pas d'accroître le bien-être familial de leurs ouvriers (qui, vivant une vie plus saine n'en seraient que plus aptes au labeur intensif et productif) ? L'industrialisme peut racheter largement ses défauts par une adaptation plus complète de l'existence laborieuse à une vie sociale bien comprise, dans laquelle la famille joue un rôle considérable : déjà dans bien des « cités ouvrières », agglomérations de demeures convenables pour les familles des travailleurs, on trouve des canalisations d'eau chaude, de gaz, d'électricité, d'air comprimé, qui permettent aux ménages de vivre agréablement à peu de frais et de lutter avantageusement contre les séductions du cabaret où du music-hall. La conception du « phalanstère » s'est transformée heureusement en celle d'une union de familles indépendantes luttant ensemble contre la cherté de la vie matérielle et pour l'agrément de l'existence commune ; les sociétés coopératives de consommation permettent à d'importants groupements d'unités domestiques d'assurer à leurs membres un bien-être relatif vivement apprécié par le vrai travailleur ; des sociétés de secours mutuels pratiquent largement l'assistance à domicile, qui vaut exclusivement pour les membres vivant en famille ; les bureaux de bienfaisance secourent de préférence les ménages rangés, menant une existence régulière ; la philanthropie éclairée s'exerce surtout à leur profit... Nous ne manquons donc pas de moyens d'action en vue de la transformation des mœurs dans les centres industriels ; il suffirait d' « intensifier » la propagande appuyée par des œuvres en faveur de la vie au foyer ; bien des ressources matérielles et morales à demi inutilisées pourraient être utilement employées à l'amélioration continue des conditions d'existence matérielle de la famille ouvrière honnête, soucieuse de l'avenir de ses enfants.

La famille paysanne elle aussi a besoin d'être aidée et elle le mérite généralement : pour la préserver de la contagion qui la menace, il convient de lui rendre sa confiance en elle-même et dans l'avenir de l'agriculture, faire qu'elle sente non sans fierté l'importance de son rôle social et la valeur morale de ses vertus propres. Quand le travailleur des champs aura été largement doté de machines, instruments puissants, moyens de locomotion et de communication, quand la force électromotrice aura été mise partout au service des exploitations rurales, que les villages et les bourgs auront chacun sa bibliothèque, ses spectacles attrayants et éducatifs, la famille paysanne retrouvera son unité et sa cohésion ; l'exode vers les villes et vers les fonctions publiques s'arrêtera ; les jeunes gens épouseront de bonne heure les jeunes villageoises et le néo-malthusianisme n'aura plus d'adeptes si ce n'est chez quelques employés mal rétribués que le paysan ne jalousera plus. Mais pour

qu'il en soit ainsi, il faut que la nation entière se préoc
cupe de sa propre vitalité et reconnaisse combien elle
est étroitement liée à la prospérité des populations
rurales, à la salubrité de la vie paysanne. Nous pouvons
peut-être attendre avec confiance les progrès de la
technique agricole, du « machinisme » rural et de
l'instruction professionnelle des jeunes gens revenant
malgré tout à la terre féconde qui donne santé, richesse
et liberté. Mais ce ne sera pas trop de tous les efforts
combinés des bonnes volontés intéressées au sort de la
famille terrienne pour triompher de la tendance qui
amène le dépeuplement des campagnes et l'abandon de
la maison paternelle par des jeunes gens victimes du
plus décevant des mirages.

Pour la jeunesse rurale comme pour la jeunesse
urbaine, une réforme de l'instruction publique et de
l'éducation générale s'impose. On a dit les dangers d'une
instruction sans complément éducatif apporté par la
famille et en vue du maintien de l'unité morale dans
la famille. Il faudrait donc que les parents et les maîtres
veuillent bien s'inquiéter de l'amoralisme dans lequel
grandissent les adolescents. Une éducation favorable à
l'esprit de famille serait celle qui ne se bornerait pas à
la répétition des formules banales relatives au respect
des parents, à la reconnaissance pour leurs soins et leur
dévoûment, à la sollicitude pour les frères et sœurs
plus jeunes..., mais qui exigerait des actes et des sentiments, des dispositions et des mœurs conformes aux
préceptes. L'École, loin de s'isoler de la famille et parfois de paraître s'élever contre elle, devrait toujours
solliciter le concours des parents et adapter son mode
d'existence à celui des agrégats domestiques constituant

le milieu social dans lequel elle peut exercer son action. Tout enfant ou adolescent devrait être sans cesse incité par ses maîtres à une pleine confiance en ses parents, à une étroite communion d'idées avec son père, sa mère, ses frères aînés, à l'observation attentive des mœurs et coutumes domestiques. Peu à peu, à mesure que son esprit critique se développerait, l'adolescent s'affranchirait des tutelles trop étroites, mais non sans avoir fait dans la discipline familiale l'apprentissage de la discipline sociale. Les parents, au lieu de laisser le maître donner à tous ses élèves une orientation commune, les façonner comme s'ils passaient tous par le même moule, devraient être assez jaloux de leurs prérogatives pour imprimer sur leurs enfants le cachet particulier d'une tradition domestique, d'une façon particulière d'envisager la vie et d'un soin particulier de l'honneur familial. De même que le rejeton des anciennes maisons nobiliaires était élevé de telle façon qu'il portât son nom avec orgueil, de même les enfants de n'importe quelle famille bourgeoise, paysanne ou ouvrière, devraient être accoutumés à considérer avec fierté l'ascension lente ou rapide de leurs grands-parents et parents ; et s'il y avait quelque tare qui ne pût leur être dissimulée, quelque revers de fortune, dont on n'eût pas d'ailleurs à rougir, ne conviendrait-il pas que ce fût pour le fils ou le petit-fils comme un stimulant à l'effort pour réparer ou effacer et recommencer l'ascension interrompue ? La mère et le frère ou la sœur aînée ne sauraient craindre d'exalter devant les enfants le mérite du père, celui-ci d'exalter les vertus de la mère et des grands-parents, de mettre en lumière la valeur des aînés : la dépréciation viendra toujours assez tôt. Et si les maîtres de leur côté ne manquaient jamais une occasion de rendre hommage aux talents des parents, de signaler leurs actions louables, de donner le plus de relief possible au dévoûment des uns, à la sollicitude des autres, à la piété filiale des grands, à la dignité des aïeuls, la lacune que nous avons signalée serait vite comblée. D'autre part l'instruction donnée à l'école primaire ne devrait-elle pas viser à la préparation spéciale à l'activité du milieu, agricole, industriel ou commercial, afin que l'enfant ne soit jamais incité par l'éducation intellectuelle qui lui est donnée à quitter le foyer paternel, à abandonner les champs ou la vie laborieuse, quelle qu'elle soit, à laquelle ses parents peuvent le mieux l'initier ? Que l'instruction et l'éducation ne nous fassent pas des « déracinés », mais au contraire de vigoureux rejetons de l'arbre familial.

Pour que la famille soit convenablement « honorée » dès l'école, il conviendrait que l'histoire enseignée, qui est toujours sélective sinon systématique, insistât beaucoup plus sur les mœurs que sur les hauts faits d'armes et les actions d'éclat individuelles, et en particulier mît en lumière le rôle des mœurs familiales dans la civilisation, l'importance des dévoûments exemplaires à la communauté domestique, et des vertus du père, de l'épouse, de la mère. On enseigne parfois aux jeunes gens et aux jeunes filles quelles furent les maîtresses de Louis XIV et de Louis XV, comme si l'histoire des favorites d'un sultan avait quelqu'intérêt ; mieux vaudrait insister sur des influences plus heureuses en des milieux plus humbles. Les cités et la Nation pourraient d'ailleurs mieux honorer les vertus familiales : les prix décernés par les Académies aux familles les plus

17.

dignes d'estime devraient être publiés avec soin et les rapports les concernant affichés, commentés dans les communes, fières à juste titre de l'attention accordée aux meilleurs éléments de la population.

Le régime fiscal s'est déjà mainte fois adouci en faveur des familles nombreuses ; des exonérations d'impôt proportionnelles aux charges de famille, des suppléments de traitement accordés aux fonctionnaires chefs de communautés importantes, des primes attribuées aux ouvriers dans les mêmes conditions, des allocations, variables avec les besoins des ménages pauvres comptant plusieurs enfants, ne sont que justice et permettent de rendre plus supportable la vie en commun à ceux que la gêne ou la misère pourraient aigrir. En dépit des tendances à l'égalitarisme aveugle, l'équité exigerait aussi que les familles comptant beaucoup d'enfants soient en partie exonérées de la charge du service militaire : le séjour prolongé à la caserne d'un grand nombre de jeunes gens à l'âge où ils pourraient contribuer le plus efficacement à la prospérité familiale et nationale correspond à une cruelle nécessité ; aussi serait-il souhaitable que sans parti-pris on renvoyât le plus tôt possible dans leurs foyers ceux qui déclareraient vouloir s'y fixer pour alléger le fardeau des parents et pour continuer la tâche de leurs ascendants ; ce qui constituerait une véritable prime à la consolidation du lien de famille. Le « recrutement régional » qui permettait aux jeunes gens de venir se retremper fréquemment au foyer domestique devrait être repris surtout en ce qui concerne les jeunes agriculteurs ou industriels travaillant dans leur famille ; il importe de soustraire par tous les moyens en notre pouvoir les grands enfants que sont les jeunes soldats à l'influence des milieux malsains que la tradition et l'appât d'un gain honteux entretiennent dans les villes de garnison, et qui éloignent parfois à jamais les adolescents devenant hommes de l'heureuse action de leur milieu d'origine. A ce point de vue, toute diminution de la durée et de la continuité du service militaire pourra être considérée comme un gain moral.

La conception vulgaire de l'égalité a eu, comme on l'a déjà indiqué, des conséquences politiques nuisibles à l'intégration sociale et familiale ; il serait grand temps de réagir par de solides arguments largement répandus par la presse honnête, par des conférenciers convaincus se mettant au service des meilleures causes, par les brochures, les revues, les livres, contre l'illusion qui porte les individus à se croire tous également aptes à « vivre chacun sa vie » sans aucune tutelle et en dehors de toute solidarité étroite avec le milieu constitué par la parenté naturelle. Le bon citoyen est celui que la famille a formé à la pratique de la vie sociale de plus en plus large ; quiconque a fui les charges de famille, après s'être complètement détaché de sa souche, ne peut pas être considéré comme apte à jouir de droits politiques égaux à ceux du père de famille qui a commencé par être un fils et un frère dévoué aux intérêts matériels et moraux de la communauté domestique ; nous n'hésitons pas en conséquence à demander pour celui-ci des droits de vote plus étendus. D'autre part, la conciliation d'un individualisme moral et d'une socialisation indispensable de la valeur personnelle amènerait à rechercher les moyens d'assurer légalement aux unités domestiques une représentation correspondant à la valeur de l'agrégat familial. Les épouses et mères de famille, dont la situation sociale et juridique doit être considérablement relevée à mesure qu'elles se montrent plus aptes à exercer une autorité plus grande au foyer, ne devraient-elles pas être admises à se faire représenter dans les assemblées communales, afin que les affaires de la cité soient gérées par les personnes qui incarnent le mieux le dévoûment à la vie domestique ? Ne conviendrait-il pas à une vraie démocratie que l'organisation de la communauté villageoise et urbaine soit l'œuvre des représentants les plus qualifiés des familles ? Les projets tendant à uue meilleure administration municipale pourraient d'abord être soumis à l'examen des conseils de famille, qui auraient dès lors une existence effective au point de vue politique, et dont les avis seraient obligatoirement visés par tous les arrêtés de l'autorité municipale ou départementale.

Bref, la modification essentielle, qui, apportée dans la vie publique paraît le plus susceptible de renforcer le lien de famille, semble tenir à la constitution du Conseil de famille, formé par les grands-parents vivants, les pères et mères et un ou deux représentants des fils ou filles les plus âgés parmi les majeurs de dix-huit ans. Cet organe nouveau aurait des attributions multiples, comme on l'a montré en détail. Si cette institution sanctionnée par les lois « entrait » dans les mœurs (et elle le pourrait aisément), elle serait la manifestation permanente du lien qui doit unir les membres de l'agrégat, aujourd'hui trop enclins à la dispersion et à l'isolement pour le plus grand mal de chacun. L'éducation complèterait l'action ainsi exercée et affermirait une nouvelle tradition en harmonie avec l'esprit démocratique qui n'en subirait aucune atteinte. La législation, la juridiction, les mœurs publiques et privées, le progrès social, économique, technique et politique, seraient enfin mis en parfait accord avec les exigences de la morale.

INDEX ALPHABÉTIQUE

ÉVREUX, IMPRIMERIE CH. HÉRISSEY. 483

BIBLIOTHÈ
DES SCIENC… C

Secrétaire de la rédaction : DICK MAY
Secrétaire général de l'École des Hautes Études sociales.

Derniers volumes publiés :

Imprimerie des *Presses Universitaires de* , Paris. — 3.